내 마음속 차 향기여!
해와 달을 품고 있네

내 마음속 차 향기여!
해와 달을 품고 있네

한재(寒齋) 이목(李穆) 짓고
삼이(三耳) 원학(圓學) 번역 해설

불광출판사

머리말

중국 소수민족 속담 중에 '사람으로 태어나 춤을 추고 노래를 부를 줄 모른다면 인생을 헛사는 것'이라는 말이 있다.

춤추고 노래 부르는 것은 나그네의 삶을 극명하게 표현한 것이라 할 수 있다.

왜냐하면 춤은 한 곳에서만 추는 것이 아니며, 노래 역시 한 곳에서만 부르는 것이 아니기 때문이다.

우리가 살아가고 있는 세상을 '삼계여박(三界旅泊)'이라고 표현하는 말이 있다.

인생이란 나그네로 와서 잠시 쉬어 가는 것이니, 그것이 바로 우리가 살고 있는 세상이라는 것이다.

따라서 나그네는 일정한 곳에 오래 머물 수 없으며, 또 다른 길을 향해 언제나 떠나야만 하는 숙명이 있다.

이러한 삶을 영위하기 위해 인생으로 태어나 길을 떠도는 것인데, 어찌 춤과 노래를 잊을 수 있겠는가.

춤은 언제나 새로운 공간에서 추게 되며, 새로운 산천(山川) 경계를 노닐면서 부르는 노래가 있게 된다.

그렇듯 나그네는 홀로 외롭게 길을 떠나는 것이 아니라 춤과 노래를 동반자로 길을 나서게 된다.

더불어 춤은 함께할 때 신명이 나고, 노래도 함께 부를 때 삶의 맛을 느낄 수 있는 것이다.

한재(寒齋)는 「다부(茶賦)」의 서문(序文)에서 '처음으로 말하건대 사람으로 태어났다면 반드시 감상할 줄 알아야 하고 죽을 때까지 함께 삶의 즐거운 맛을 느낄 줄 알아야 한다'고 하였다.

한재는 또한 '기쁜 마음으로 함께 하는 나그네의 벗은 다우(茶友)밖에 없다'고 하였다.

산더미 같은 재산을 모으고, 아름다운 배우자를 만나 행복하고 좋은 음식으로 우리 육체를 보양시킬 뿐만 아니라, 남이 부러워하는 명예를 누리며, 몸과 마음을 의지할 안식처가 있다

한들 그것이 영원할 수는 없다는 것을 말하고 있다.

인생이 나그네라고 했을 때, 나그네의 시름을 달래 주는 것은 죽을 때까지 함께할 수 있는 벗이 최고라고 할 수 있다.

즉 다우(茶友)와 함께 좋은 풍광을 찾아 즐겁게 감상하고, 다우의 향기(香氣)로 깊은 맛을 느끼는 것만이 영원하다 했으며, 그것을 '완상(玩賞)과 미감(味感)'이라 하였다.

나그네의 삶에서 가는 곳마다 색다른 풍광을 즐겁게 감상하고, 곳곳에 새로운 맛을 느끼지 못한다면 그 나그네의 삶은 얼마나 힘들고 외롭겠는가.

따라서 한재는 다우(茶友)만이 마음을 함께할 수 있는 진정한 벗이 될 수 있음을 칭찬했으며, 그것이 곧 「다부(茶賦)」인 것이다.

부(賦)란 노래하고 칭송한다는 뜻을 가지고 있기 때문에, 춤과 노래로 삶을 살아가는 철학이 다성(茶性)에 있다고 하였다.

언젠가 중국 여행을 하면서 동방항공(東方航空)이라는 중국 비행기를 탄 적이 있는데, 좌석에 비치된 책자에서 '동방상미(東方賞味)'라는 글귀를 보게 되었다.

도장을 찍듯이 글자를 배열하였는데, 가로로 읽거나 세로로 읽어도 뜻은 하나로 통하는 것을 보고, 한재가 「다부(茶賦)」에서 언급한 완상(玩賞)과 미감(味感)을 떠올리지 않을 수 없었다.

'동방항공의 비행기를 타고 가는 나그네는 좋은 경치를 감상하게 될 것이고 아름다운 맛을 느끼게 된다'는 뜻일 것이다.

인생은 나그네가 아니라고 어느 누가 변명할 수 있겠는가.

외롭고 쓸쓸한 나그네는 함께하는 벗이 있어야 즐겁고 행복하다.

그렇듯 진정으로 즐겁고 행복함을 감상하고 맛으로 느끼는 것은 다우(茶友)와 함께해야 한다는 것이다.

중국 사람들은 다우(茶友)를 대할 때 반드시 구별하여 말한다.

일반적으로 마시는 차는 '허차(喝茶)'라고 한다.

그러나 다성(茶性)이 인성(人性)과 결합해 자유로운 불성(佛性)이 되고 선미(禪味)가 되는 경지에 이르러서는 허차(喝茶)라 하지 않고 '츠차(吃茶)'라고 한다.

'츠(吃)' 자는 간체자(簡體字)이고, 번체자(繁體字)로는 '끽(喫)'이라 한다.

당대(唐代) 고승이었던 조주(趙州, 778~897) 선사(禪師)는 누구에게나 "끽다거(喫茶去)"라고 하였다.

"차나 한잔 마시고 가게나."라고 권하였던 것이다.

그렇다면 츠차(吃茶)와 허차(喝茶)의 차이점에 대해 간단히 살펴보자.

끽(喫)은 곱씹어 그 맛을 깊이 느껴야 하기 때문에 다성(茶性)이 살아나 몸과 마음에 엄청난 변화를 가져다 준다고 보며, 차(茶)를 의인화하여 '척번자(滌煩子)'라고 하는 것은 번뇌를 씻어내고 정신을 맑게 한다는 뜻이 담겨져 있다.

단순히 갈증을 해소하고 건강을 증진시키는 일반 차와 같은 배열에서는 '허차(喝茶)'라고 하는 것이다.

한재는 다우(茶友)를 사람과 함께하는 생명체로 보았기 때문에 오심지차(吾心之茶)라고도 하였다.

필자는 이러한 한재의 뜻을 헤아려 「다부(茶賦)」의 제목을 "내 마음속 차 향기여! 해와 달을 품고 있네"라고 지었다.

한재는 「다부(茶賦)」에서 '가슴에 일월(日月)을 품고 살아야 완상(玩賞)하고 미감(味感)의 환희를 느낄 수 있다'고 하였다.

인간의 삶에서 아무리 물질이 풍부하고 권력이 위세를 발휘한다 해도 그것은 영원히 함께할 수 없는 것이다.

나그네는 떠날 때 언제나 가벼운 몸을 가지기 위해 모든 것을 버리고 떠나며 죽을 때는 심지어 불속에 들어가 나그네의 몸마저 태우는 것이 아닌가.

비록 땅속에 묻힌다 해도 끝내 보존할 수 없는 자연으로 돌아가 한 줌의 흙이 되는 것이다.

따라서 다우(茶友)를 준비하여 어디론가 새로운 풍광을 찾아 떠나야 한다.

나그네가 가는 곳마다 함께 풍광을 즐기고 감상하며, 함께 맛을 보고 느끼는 진한 감동으로 살고자 노력해야 한다.

이것이 한재의 자유로운 이상세계요, 모두가 동경해야 할 이상세계라고 할 수 있다.

아아! 영원히 함께 즐겁게 감상하고 언제나 새로운 맛으로 행복을 느끼면서 살아가자.

향기로운 나그네는 다우(茶友)와 함께 영원하리라.

2025년 5월

청묵예원 다연관에서 삼이(三耳) 원학(圓學) 씀

차
례

茶賦并序　寒齋李穆先生撰　歲暮丙申冬書居中八公山無窮之處三昧寺茶窗下

凡人之於物或玩焉或味焉樂之終身而無厭者其性矣乎若李白之於月劉伯倫之於酒其所好雖殊而樂之至則一也余於茶越乎其莫之知自讀陸氏經稍得其性心甚珍之昔中散樂琴而賦彭澤愛菊而歌其於微尚加顯矣況茶之功最高而未有頌之者若廢賢焉不亦謬乎於是考其名驗其產上下其品爲之賦或曰茶自入稅反爲人病子欲云云乎對曰然是豈天生物之本意乎人也非茶也且余有疾不暇及此云其辭曰

有物於此厥類孔多曰茗曰荈曰𦯶曰菠仙掌雷鳴鳥嘴雀舌頭金蠟面龍鳳召的山提勝金靈草薄側仙芝嫩蕊運慶福祿華英來泉翎毛指合清口獨行金茗玉津雨前雨後先春早春進寶雙溪綠英生黃或散或片或陰或陽含天地之粹氣吸日月之休光其壤則石橋洗馬太湖黃梅羅原麻步婺處溫台龍溪荊峽杭蘇明越商城王同興廣江福開順劍南信撫饒洪筠袁昌康岳鄂山同潭鼎宣歙鴉鍾蒙霍蟠柢丘陵之厚揚柯雨露之澤造其處則崆𡾟嶮巇屹嵂嶔崟嵽嵲呀然或吞豁然或吐晻然或垂歘然或擧其上何所見星斗咫尺其下何所聞江海吼哮靈禽兮翶翔異獸兮拏攫奇花瑞草金碧珠璞䔍䔍蓑蓑磊磊落落徒盧之所趑趄魑魅之所逡巡於是谷風乍起北斗轉璧冰解黃河日躔青陸草有心而未萌木歸根而欲遷惟彼佳樹百物之先獨步早春自專其天紫者綠者青者黃者早者晚者短者長者結根竦幹布葉垂陰黃金芽兮已吐碧玉蕤兮成林晻曖蓊蔚阿那嬋媛翼翼焉與與焉若雲之作霧之興而信天下之壯觀也洞嘯歸來薄言采采擷之捋之負且載之拏玉甌而自濯煎石泉而旁觀白氣漲口夏雲之生溪嶺也素濤鱗生春江之壯波瀾也颼颼之聲霜風之嘯篁栢也香子泛泛戰艦之飛赤壁也俄自笑而自酌亂雙眸之明滅於以能輕身者非上品耶能掃痾者非中品耶能慰悶者非次品耶乃把一瓢露雙脚陋白石之煮擬金丹之熟啜盡一椀枯腸沃雪啜盡二椀爽魂欲仙其三椀也病骨醒頭風痊心兮若魯叟抗志於浮雲鄒老養氣於浩然其四椀也雄豪發憂忿空氣兮若登太山而小天下疑此俯仰之不能容其五椀也色魔驚遁餐尸盲聾身兮若雲裳而羽衣鞭白鸞於蟾宮其六椀也方寸日月萬類蘧篨神兮若驅巢許而僕夷齊揖上帝於玄虛何七椀之未半鬱清風之生襟望閶闔兮孔邇隔蓬萊之蕭森若斯之味極長且妙而論功之不可闕也當其凉生玉堂夜闌書榻欲破萬卷頃刻不輟童生脣腐韓子齒豁靡爾也誰解其渴其功一也次則讀賦漢宮上書梁獄枯槁其形憔悴其色腸一日而九回若火燎乎腷臆靡爾也誰敍其鬱其功二也次則一札天頒萬國同心星使傳命列侯承臨揖讓之禮既陳寒暄之儀既請靡爾也賓主之情誰協其功三也次則天台幽人青城羽客石角噓氣松根鍊精囊中之法欲試腹內之雷乍鳴靡爾也三彭之蠱誰征其功四也次則金谷罷宴兔園回轍宿醉未醒肝肺若裂靡爾也五夜之酲誰輟其功五也吾然後知茶之又有六德也使人壽脩有帝堯大舜之德焉使人病已有俞附扁鵲之德焉使人氣淸有伯夷楊震之德焉使人心逸有二老四皓之德焉使人仙有黃帝老子之德焉使人禮有姬公仲尼之德焉斯乃玉川之所嘗贊陸子之所嘗樂聖俞以之了生曹鄴以之忘歸一村春光靜樂天之心機十年秋月却東坡之睡神掃除五害凌厲八眞此造物者之蓋有幸而吾與古人之所共適者也豈可與儀狄之狂藥裂腑爛腸使天下之人德損而命促者同日語哉喜而歌曰我生世兮風波惡如志乎養生捨汝而何求我携爾飮爾從我遊花朝月暮樂且無斁傍有天君懼然戒曰生者死之本死者生之根單治內而外凋嵇著論而蹈艱曷若泛虛舟於智水樹嘉穀於仁山神動氣而入妙樂不圖而自至是亦吾心之茶又何必求乎彼也

三月 毅書

한재 이목의 「다부(茶賦)」 전문을 옮겨 쓴
원학 스님의 친필

차(茶)는 맛을 즐기고 느껴야 한다

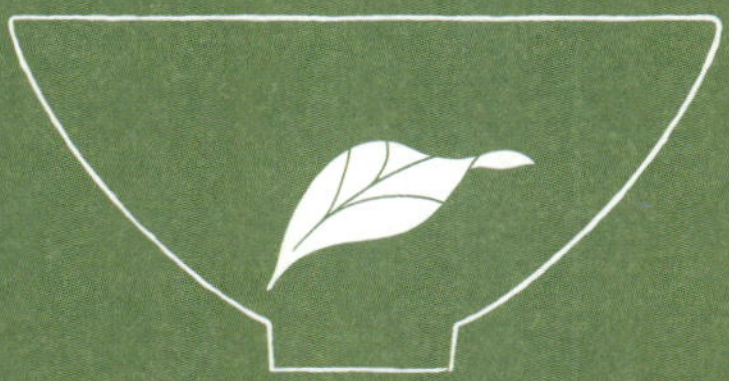

凡人之於物 或玩焉 或味焉 樂終身而無厭者
범 인 지 어 물 혹 완 언 혹 미 언 락 종 신 이 무 염 자

其性矣乎
기 성 의 호

무릇 사람이 사물에 대하여 혹은 즐기며 감상하고, 혹은 맛을 느끼게 되는데, 몸이 죽을 때까지 싫증 없이 즐겁게 살아갈 수 있는 것은 인간의 타고난 본성이 있기 때문이다.

해설

한재는 「다부(茶賦)」의 본문(本文)에 앞서 인간에게 두 가지 마음이 있음을 밝히고 있다.

첫째, 차(茶)에 대한 모든 다성(茶性)에는 반드시 즐겁게 감상하려는 마음이 있어야 한다고 하였다.

차나무의 잎이 자라나는 모습과 차를 법제하는 과정, 그리고 다구(茶具)와 함께 차를 달여 마시는 과정까지 소홀함이 없이 즐겁게 감상하는 마음이 있어야 한다고 하였다.

둘째, 이렇게 차생활(茶生活)의 기본이 갖춰지고, 나와 차가

만나서 다심(茶心)의 자리에 앉게 되면 다향(茶香)과 탕색(湯色)을 드러내기 위해 맑은 찻잎을 탕관에 넣고 그 독특한 맛과 느낌이 입안에 가득함을 느낄 수 있어야 비로소 차생활(茶生活)의 입문에 들 수 있음을 강조하고 있다.

이러한 차(茶)와 다구(茶具)를 진열해 놓고 그 찻자리에 팽주(烹主)와 팽객(烹客)이 마주한 다음, 찻잔을 함께 들고 즐거운 마음으로 서로를 존중하며 조용히 차를 입속에 넣고 음미하는 마음으로 완상(琓賞)하고 미감(味感)을 느끼게 되는 것이라고 하였다.

따라서 한재는 오심지차(吾心之茶)의 완상(玩賞)하고 미감(味感)에 젖어 드는 마음은 죽을 때까지 반복하더라도 싫증을 느낄 수 없이 즐거운 행복감에 젖어 들게 된다고 보았다.

인간의 육체적 오관(五官) 기능 중에서 안근(眼根)을 통해서 즐겁게 감상하는 것과 설근(舌根)을 통해서 맛을 느끼는 것이 다성(茶性)을 밝히는 이유가 될 수 있기 때문이다.

오관(五官) 기능이란 안(眼), 이(耳), 비(鼻), 설(舌), 신(身)을 말하는데, 오관(五官)의 대상은 색(色), 성(聲), 향(香), 미(味), 촉(觸)이다.

한재는 오관 중에서도 가장 기본이 되는 것을 안(眼)과 설(舌)로 보았다.

다성(茶性)이 살아나는 것은 즐겁게 감상하는 마음을 눈을 통해서 발굴하고, 맛과 다향(茶香)을 느끼는 것은 인간의 설(舌)이 마음과 통해야 한다는 것이다.

따라서 한재는 「다부(茶賦)」를 쓰기에 앞서 인간이 죽을 때까지 싫증을 느끼지 않고 즐거워 할 수 있는 것은 다성(茶性)을 완상(玩賞)하고, 다성(茶性)의 미감(味感)을 가지는 것이라고 하였다.

차(茶)는 단순한 음료가 아니라 인간의 무한한 안목을 가지고 즐기며 감상하고 맛을 느끼는 것으로, 다성(茶性)과 인성(人性)이 합일(合一)되는 정신이 있어야 한다는 것을 말하고 있다.

다성(茶性)은 인성(人性)을 이끌어 주는 스승이며, 그 자체로 하나의 살아 숨 쉬는 생명체로 보았다는 것이다.

한재는 단순히 유교의 이념에 순종하는 양심과 실천만을 따르지 않고, 스스로 자유분방한 자연의 섭리에 따르면서 도학(道學)의 깊이에 빠지기도 하였다.

그러나 한재는 다성(茶性)을 만나서 가슴에 해와 달을 품고 살아야 하는 마음을 찾아 실천하고자 노력한 것이 「다부(茶賦)」를 짓게 된 이유라고 할 수 있다.

이러한 한재의 곧은 정신은 마냥 고고하고 외롭게 우뚝 솟은 봉우리가 아니라, 정상(頂上)에서 아래를 내려다보는 지혜의 안목으로 즐겁게 감상하는 것이며, 표현할 수 없는 삶의 맛과 여유를 느끼는 것으로 인성(人性)의 무한한 지혜를 찾고자 하였다.

한재가 차(茶)에 심화될 수밖에 없었던 배경 요인은 너무나 성리학에 치우친 좁은 삶에 매몰됐던 시대적(時代的) 환경에 대한 비판에서 출발하고 있다.

그는 다성(茶性)에서 느낄 수 있는 푸른 찻잎과 차향, 그리고 아름다운 맛을 음미하는 삶을 통해서 '다선일미(茶禪一味)'가 아니라 '다심일미(茶心一味)'를 실천하였다고 할 수 있다.

한재는 결론적으로 다도(茶道)가 인간의 삶에서 반드시 함께할 벗이라고 하였다.

이러한 완상(玩賞)하고 미감(味感)하는 아름다움은 그 기쁨을 실감나게 표현한 송대(宋代) 어느 스님의 다시(茶詩)에서도 살펴볼 수 있다.

圓似月魂墮　　원사월혼타
輕如雲魄起　　경여운백기

둥근 찻잔에 달빛의 영혼이 떨어져 있고
가볍게 구름 향기 혼백 되어 일어난다네

여기에서 둥근 찻잔은 차를 마시는 다구(茶具)가 아니라, 찻잔

자체를 달로 본 것이다.

또 차를 마시는 것은 둥근 달 속의 영혼을 내가 마시는 것이라고 본 것이다.

그 찻잔 속의 찻물에는 구름처럼 가벼운 차 향기가 혼백이 되어 일어나는 것이라고 하였다.

이렇듯 찻자리에서 즐겁게 감상하는 마음과 맛을 느끼는 마음을 표현함에 있어, 달빛의 영혼을 가슴에 담고 그 혼백이 일어나 내 온몸과 마음에 구름같이 부드러운 향기로 감싸고 있다면 이보다 더 즐겁고 행복한 것이 어디 있겠는가.

인간이 행복함을 느끼기 위해서는 죽을 때까지 싫증이 없어야 하는데, 이 세상 그 무엇도 종신토록 함께할 수 있는 것은 없다.

따라서 한재는 스스로 마음의 차(茶)는 가슴에 해와 달을 품고 사는 것으로서 싫증을 느끼지 않는 영원한 행복으로 생각하였던 것이다.

왜냐하면 해와 달은 영원한 빛을 가지고 있을 뿐만 아니라 생명을 발아시키는 무한한 힘을 가져다 주기 때문이다.

또한 한재는 이와 같은 삶을 살았던 옛사람들 중에서 이백(李白, 701~762)과 유백륜(劉伯倫, 221~300)을 언급하고 있다.

若李白之於月 劉伯倫之於酒 其所好雖殊而
약 이 백 지 어 월 유 백 륜 지 어 주 기 소 호 수 수 이

樂之至則一也
락 지 지 즉 일 야

이백(李白, 701~762)이 술과 함께 달을 좋아하였으며, 유백륜(劉伯倫)은 술을 평생토록 즐겁게 마신 것이 비록 좋아하는 대상은 다르다 할지라도, 즐겁게 받아들여 일생 동안 함께한 모습은 하나라고 할 수 있다.

해설

이백이 달을 사랑한 것이나, 유백륜이 술을 사랑한 것이나, 한재가 차(茶)를 사랑한 것은 그 취하는 대상이 다를 뿐 즐거움을 느끼고 살아가는 모습은 같은 것으로 보았다.

그렇다면 왜 이백의 달과 유백륜의 술을 동일선상에서 언급한 것인지 자세하게 살펴보자.

먼저 이백이 왜 하필 달과 술을 즐겼는가는 그의 대표 시(詩)인 「월하독작(月下獨酌)」을 통해 살펴보기로 한다.

花間一壺酒	화간일호주
獨酌無相親	독작무상친
擧杯邀明月	거배요명월
對影成三人	대영성삼인
月旣不解飮	월기불해음
影徒隨我身	영사수아신
暫伴日將影	잠반일장영
行樂須及春	행락수급춘
我歌月徘徊	아가월배회
我舞影零亂	아무영령난
醒時同交歡	성시동교환
醉後各分散	취후각분산
永結無情遊	영결무정유
相期邈雲漢	상기막운한

술병 들고 꽃밭에 앉아
함께할 벗 없이 홀로 마시나니
술잔 들고 명월을 부른다네
나와 명월 그림자 셋이 되었나니
달은 술을 마실 줄 모르고

그림자는 나를 따라 맴돌고 있는데
잠깐 햇살도 그림자를 벗하듯 하네
봄빛이 다하도록 즐겁게 노는데
내 노래에 달은 즐겁게 배회하고
내 춤 솜씨에 그림자가 어지럽네
깨어나 함께 기뻐하더니
취한 후에는 각각 흩어진다네
영원한 이별 무정유여!
서로 은하세계에 만남을 기약하네

술을 사랑한 이백은 술에 취하는 모습을 시(詩)로 남겼는데, 그의 술벗은 오로지 명월(明月)과 그림자뿐이었다.

요즈음 우리가 술을 대면하여 취하고 깨어나는 삶의 취향과는 너무나 많은 차이가 난다고 하겠다.

이 시(詩)에서 주목해야 할 점은 '무정유(無情遊)'라는 것이다.

즐거움의 대상이 좋고 나쁨을 구별 짓지 아니하고 오로지 무정물(無情物)과 함께 무정(無情)의 놀이를 하고 있다는 것이다.

지금으로부터 천 년 전의 이백에게 즐거운 벗이 되었던 명월(明月)은 현재도 출몰(出沒)을 반복하고 있는데, 인간이 명월

(明月) 앞에서 유정(有情)을 찾아 즐겁게 살고자 함은 일시적 즐거움일 뿐이며, 영원히 무정유(無情遊)가 될 수 없다는 것이다.

인간은 사물을 대할 때 그 좋고 나쁨을 자신의 안목에 따라 구별 짓게 되는데, 이백은 무정(無情)으로 사물을 대하였기 때문에, 이백과 명월(明月)은 영원한 벗이 될 수 있었다.

마치 불교 경전 속에 마음을 쓰는 방법에 대해 '응무소주 이생기심(應無所住 以生其心)'이라는 말이 있는데, 특정 지어진 곳에 마음을 내지 말라는 것이다.

이것이 이백(李白)의 무정유(無情遊)를 말한 것이라고 할 수 있다.

그러므로 명월(明月)은 무심(無心)의 본 모습을 지켜 왔건만, 명월을 대하는 인간은 유정(有情)에 따라 어떤 이는 슬퍼하고 어떤 이는 기뻐하며, 또 어떤 사람에게는 관심 밖이 되기도 한다.

당대(唐代) 방 거사(龐 居士, ?~808)라는 재가불자는 무심(無心)에 대한 시(詩)를 남겼다.

但自無心於萬物　　단자무심어만물
何妨萬物常圍繞　　하방만물상위요

다만 스스로 만물에 무심하니

어찌 만물이 나를 에워 감싸겠는가

우리가 살아가는 환경에 놓여 있는 모든 사물은 본래 무심한 것이므로, 무심(無心)으로 사물을 상대하면 내 스스로 자유로워지는 것이다.

이백은 그러한 마음으로 살아가는 것을 무정유(無情遊)라 하였던 것이다.

그리고 무정(無情)의 자유로운 삶을 살아간 대표적인 사람으로 유백륜(劉伯倫)을 들고 있다.

그는 일생 동안 술병을 들고 대취(大醉)하여 술에 대한 덕(德)을 노래한 「주덕송(酒德頌)」을 지은 것으로 유명하다.

내용은 도교(道教)의 무위자연(無爲自然)에 순응하는 삶을 살면서 청담(淸淡)의 행적으로 살아간다는 뜻이다.

평소 시자(侍者)를 데리고 다니면서 삽자루를 들게 하고는 말하길 "내가 술에 취해 죽거든 그 자리에 구덩이를 파고 묻어라."라고 하였다 한다.

그는 생(生)과 사(死)의 양면을 보지 않고 생성과 소멸의 필연적이면서도 순환하는 원리를 본 것이기 때문에, 죽음을 두려워하지 않았을 뿐 아니라 삶에 대한 집착도 하지 않았다.

그렇듯 탈속(脫俗)의 경지로 살았기에 그는 죽림칠현(竹林七

賢)의 한 사람으로 이름을 올리고 있다.

하늘에는 주성(酒星)이 있고, 땅에는 주천(酒泉)이 있어 예부터 술을 만나 술에 취한 마음은 무정(無情)의 취기로 보았다고 할 수 있다.

따라서 술 석 잔을 마시면 큰 진리를 깨닫고, 술 한 말을 마시면 자연(自然)에 합일(合一)된다고 하였으니, 그것이 바로 무정유(無情遊)의 삶이라고 할 수 있다.

한재는 자신이 일생 동안 벗으로 함께 즐기고 감상하며 맛을 느끼는 다성(茶性)이나, 이백의 명월(明月)이나, 유백륜의 술이나, 모두 같은 이치로 생각한 것이다.

이백이 밝은 달을 함께 사랑하고 즐겁게 생각하였듯이, 유백륜도 술에 취하는 마음에 일생을 즐겁게 살았다.

한재 또한 다성(茶性)의 즐거운 마음에 빠져 감상하고 인생의 맛을 느끼는 차 생활에 누구보다 절실하게 빠져들어 살아갔으니, 그 모두가 무정유(無情遊)의 이치를 터득하여 살아간 사람들이라고 하리라.

원학 스님의 산수화

雲深孤帆近溪山 운심고범근계산

구름 깊은 곳
외로운 돛배는
계산을 향해 떠가네

다성(茶性)을 만나면 보배를 얻는 것

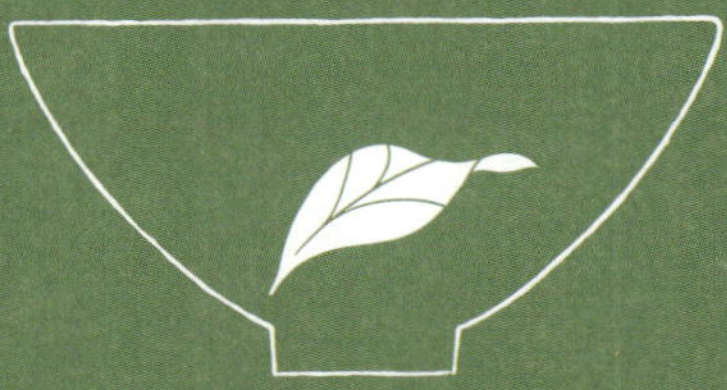

余於茶越乎 其莫之知 自讀陸氏經 稍得其性
여 어 차 월 호 기 막 지 지 자 독 육 씨 경 초 득 기 성

心其珍之
심 기 진 지

나는 다성의 뛰어난 내용이 있음을 알지 못하였다. 스스로 육씨의 『다경(茶經)』을 읽고 점점 그 다성(茶性)을 얻게 되었으며, 내 마음속에 다성(茶性)의 보배를 깊이 인식하게 되었다.

해설

한재는 스승이었던 김종직(金宗直, 1431~1492) 선생에게 차(茶)를 얻어 일상생활 속에서 마셨지만 다성(茶性)의 깊은 내용은 모르고, 음료의 일종인 차로서 얻어 마셨음을 고백하고 있다.

그 후 한재는 24세 때에 중국 북경을 다녀오면서 당대(唐代) 육우(陸羽)가 지은 『다경(茶經)』의 원전을 구해 보게 된다.

그때 비로소 차(茶)는 단순히 마시는 음료가 아니라 다성(茶性)의 깊이에 빠져들어 완상(玩賞)하고 미감(味感)하는 진리가 있음을 깨닫게 된다.

그로부터 다성(茶性)은 한재의 마음속에 뗄 수 없는 의지로 자리잡아 모든 생명을 바라보는 안목(眼目)이 넓어진 것이다.

한재는 그것을 일생 동안 함께하는 벗으로 생각하였고, 다성(茶性)과 함께하는 시간이 가장 행복을 느끼고 버릴 수 없는 귀중한 보배를 얻는 듯 하였다고 한다.

다성(茶性)의 깊이를 알게 되면서부터는 그동안 배우고 익혀 온 유교적 이념에 매몰되지 아니하고 다양한 학문의 세계에 빠져들게 되었다.

자연을 숭상하고 양생(養生)에 바탕을 둔 도교 정신에도 관심을 가졌으며, 한 가지 형식의 틀에서 벗어나 자유분방한 인생관과 세계관을 갖게 되었다.

이로써 한재는 자연의 아름다운 변화 속에서 다성(茶性)을 만난 사랑과 열정으로 「다부(茶賦)」를 짓게 된 것이다.

1498년(연산군 4) 무오사화(戊午士禍)가 일어나게 된다.

그것은 한재의 동문인 김일손(金馹孫, 1464~1498)이 그의 스승이었던 김종직(金宗直) 선생의 「조의제문(弔義帝文)」을 사초(史草)에 올린 것이 발단이 되었다.

결국 이미 사망한 김종직 선생은 무덤을 파헤쳐 시신을 훼손하는 부관참시(剖棺斬屍)를 당하였고, 김일손은 사지를 찢어 죽이는 능지처참(凌遲處斬)의 형을 받았으며, 이목(李穆) 등은 참형(斬刑)을 당하게 되었다.

여기서 무오사화의 발단이 된 김종직 선생의 「조의제문(弔義帝文)」에 대하여 간략히 살펴보자.

내용은 중국 초나라 회왕인 의제(義帝)가 항우에게 억울하게 죽은 것을 애도하는 뜻으로, 회왕에게 올리는 문상(問喪)의 글이다.

그런데 김종직 선생이 이렇게 중국 초나라 회왕의 죽음을 생각한 것은 세조에게 억울한 죽음을 당한 단종(1441~1457)의 넋을 기리는 뜻과 같은 의미로 지었다고 한다.

소위 사림(士林)들의 정계 진출에 대해 반감을 가지고 있던 훈구 세력들의 음모와 붕당 정치가 이러한 비극적 참사인 사화(士禍)를 불러오게 된 것이다.

이러한 참사를 주도했던 인물로는 유자광(1439~1512)과 이극돈(1435~1503) 등이 대표된다고 할 수 있다.

이들은 사림파(士林派)의 정계 진출에 위협을 느낀 성균관 출신의 전형적인 훈구 세력들이다.

그때 억울한 죽음을 당한 한재는 나이가 겨우 28세에 불과했으니, 「다부(茶賦)」를 짓고 1~2년 후에 단명으로 죽었다고 할 수 있다.

이처럼 짧은 생애를 마감하면서도 다성(茶性)을 만나 미래를 예감한 듯 속물(俗物)의 경계를 벗어난 탈속(脫俗)의 이상세계를 읊고 즐기려고 한 것이다.

육우(陸羽)의 『다경(茶經)』을 읽고 다성(茶性)의 내용을 간파하였으며, 다성(茶性)의 영원한 생명력을 찬탄하는 마음으로 인하여 오늘의 다인(茶人)들에게 일깨워 주는 바가 크다고 할 수 있다.

한재에게 있어 다성(茶性)은 종신토록 함께하는 즐거운 감상의 대상이었으며, 아름다운 미감(味感)으로 삶의 환희를 느끼게 하는 보배였던 것이다.

필자가 「다부(茶賦)」를 번역하여 해설하고자 함도 이와 같은 한재의 마음을 가슴에 담고 싶은 염원에서 시작되었다고 할 수 있다.

여기서 고려 시대 진각 국사의 다시(茶詩) 한 줄을 살펴보자.

雲嶺閑不徹　　운령한불철
澗水走何忙　　간수주하망
松下摘松子　　송하적송자
烹茶茶愈香　　팽다다유향

구름은 고개 언덕에 한가히 머무는데

도랑물은 어찌하여 빠르게 흐르는가
솔나무 아래 솔방울 따다가
달인 차 맛이 더욱 향기롭구나

높은 언덕에서 산마루를 바라보니 무심한 구름이 산 고개를 넘지 않고 한가로이 머물고 있는데, 계곡에 흐르는 물은 어디론가 빠르게 흐르고 있다.

한가롭고 여유로운 구름과 졸졸 흘러가는 도랑물의 바쁜 모습을 바라보다가 솔방울 따서 불을 피워 놓고 찻물을 끓여, 정성 들인 다성(茶性)을 찻잔에 담아 마시니 가슴으로 깊이 스며드는 차 향기를 느꼈다는 진각 국사는 한재와 같은 진정한 다인(茶人)이라고 할 수 있다.

왜 우리들이 다성(茶性)을 가까이하면서 다인(茶人)으로 살아야 하는가에 대한 철학적 내용이 여기에 있음을 똑똑히 보고 인식했으면 하는 것이 필자의 솔직한 바람이라고 하겠다.

이렇게 여유로운 차(茶)가 선(禪)이 되고, 선(禪)이 차(茶)가 되는 것을 다선일미(茶禪一味)라고 하였다.

왜 다선(茶禪)을 한 맛[一味]으로 표현한 것일까.

인간의 삶이란 생명(生命)의 보존에 있는 것이 아니라, 본래부터 부여한 생명의 향기를 발굴하고 맛으로 느끼는 삶이 있어야 한다는 것이다. 다인(茶人)은 스스로의 본성에 깊이 있는 맛을 지니도록 노력해야 한다. 따라서 다인(茶人)으로서 다성(茶性)의 깊이를 제대로 알기 위해서는 행다(行茶)의 몇 가지 예법(禮法)을 익히는 데 그치는 것이 아니라 『다경(茶經)』이나 깊이 있는 고전(古典)의 다시(茶詩)와 다송(茶頌) 등을 읽고 공부해야 하는 것이다.

이와 관련 당대(唐代) 백낙천(白樂天, 772~846)의 다시(茶詩) 한 편을 옮겨 본다.

中秋何以慰淸愁　　중추하이위청수
一味新茶滿玉甌　　일미신차만옥구
丹桂幾經寒暑變　　단계기경한서변
氷輪應輾古今秋　　빙륜응전고금추

가을은 깊은데 무엇으로 수심을 달랠까
햇차 향기 옥잔에 담으니 한결같은 맛이어라
해와 달은 몇 번이나 춥고 더위를 보냈었던가
싸늘한 고금의 달빛은 몇 번이나 반복하였던가

산속에 살고 있는 사람들에게는 가을이 다가와 무성한 잎들이

낙엽 되어 떨어지고 바람에 흩날리면 마음도 스산해질 뿐이다.

그러나 이러한 스산한 마음을 위로해 주는 것은 한 잔의 차 향기로 충분하다는 것을 말하고 있다.

비록 세월을 재촉하는 추위와 더위가 반복되고 싸늘한 달빛이 고금에 반복된다 할지라도 다성(茶性)과 함께하는 사람에게는 큰 위로와 기쁨이 된다는 것을 백락천도 읊고 있다.

이처럼 반복되는 시간과 공간 속에서 끊임없이 변화하는 모습에도 삶의 여유를 가질 수 있는 환희와 향기를 넘치는 차 한 잔에서 느낄 수 있는 마음이 있어야 진정한 다인(茶人)이 되고 다우(茶友)를 만났다고 할 수 있다.

昔 中散樂琴而賦 彭澤愛菊而歌
석 중산락금이부 팽택애국이가

其於微尙加顯矣
기어미상가현의

옛날 중산이 거문고를 좋아하여 부(賦)를 짓고, 팽택이 국화를 사랑하여 노래를 부른 것은 한미한 듯하지만 오히려 많은 의미를 드러낸 것이다.

해설

일생 동안 하나의 취미를 갖고 즐겁게 살아간 사람들 중에서 두 사람을 들고 있는데, 한 사람은 중산(中散)이요, 또 한 사람은 팽택(彭澤)이다.

중산(中散)은 임금이 내린 관직의 이름이다.

본명은 혜강(嵇康, 223~262)이고, 자(字)는 숙야(叔夜)라고 하며, 위(魏)나라 사람이다.

죽림칠현(竹林七賢)의 한 사람으로, 전통적 유교 이념을 비판하고 도교적 자연관을 좋아하여 평생 절의를 지키며 거문고와 함께 일생을 마쳤다.

그는 중산대부(中散大夫)의 관직도 받지 않고, 자연을 벗 삼아 거문고를 뜯으며 살았다.

어느 날 절친한 친구인 산도(山濤)가 혜강(嵇康)을 위해 임금께 추천하였는데, 이 소식을 들은 혜강은 자신의 명예를 더럽혔다고 질타하면서, 산도와의 친구 인연을 끊기 위한 절교장(絶交狀)을 써서 보냈다고 한다.

그 절교장 끝부분에 있는 짧은 시(詩) 한 줄을 소개한다.

獨酒一杯　　독주일배
彈琴一曲　　탄금일곡
志願畢矣　　지원필의

혼자일 땐 술 한 잔
거문고 한 곡 울리면
이것이 내 생의 마지막 소원이라네

이처럼 그는 권력과 명예를 멀리하고, 물질적 부를 축적하는 무리들과 함께하길 거부하였으며, 오로지 술 한 잔에 거문고를 타는 것만이 삶이 끝날 때까지 소원이라고 하였다.

이와 동시대의 인물 중에서 비슷한 절개를 지킨 사람 중에는 육기(陸機, 262~303)라는 사람도 있는데, 그의 「맹호행(猛虎行)」이란 시(詩)를 살펴보자.

渴不飮盜泉　　갈불음도천
熱不息惡木　　열불식악목
惡木豈無枝　　악목기무지
志士多苦心　　지사다고심

갈증에도 도둑 샘물 마시지 않고
더위가 있어도 나쁜 나무 그늘 피하네
악목이 어찌 가지가 없으리오만
뜻있는 선비 마음 괴로움이 많다네

본래 도둑 샘물과 악한 나무가 어디 있겠는가.
삿된 욕심을 가진 자들의 그늘에 노닐지 않는다는 강한 절의를 나타낸 것이라고 할 수 있다.

또 한 사람으로 우리에게 너무 잘 알려진 도연명을 언급하고 있다.

도연명(陶淵明, 365~427)은 팽택 현령(彭澤 縣令)의 벼슬을 버리고 낙향하여 평생토록 국화꽃을 심고 그 꽃향기에 취해 살았으며, 주위에 다섯 그루의 버드나무를 심어 놓고 살았기에 '오류선생(五柳先生)'이란 칭호를 가지고 있다.

본명은 잠(潛)이며, 동진(東晉) 말기에 권력에 아부하고 줄 서는 관리들을 보고 41세 때 고향으로 돌아가면서 남긴 전원시(田園詩)가 「귀거래사(歸去來辭)」가 된다.

빈궁한 전원생활 속에서도 자연의 아름다운 풍광을 즐기고 손수 정성 들여 심어 둔 국화꽃이 은은한 향기를 풍길 때 무심코 국화꽃을 꺾어 들고 앞산을 바라보았다는 그의 '애국시(愛菊詩)' 한 편을 살펴본다.

結盧在人境　　결로재인경
而無車馬喧　　이무거마훤
問君何能爾　　문군하능이
心遠地自偏　　심원지자편
採菊東離下　　채국동리하
悠然見南山　　수연견남산
山氣日夕佳　　산기일석가
飛鳥相與還　　비조상여환
此中有眞意　　차중유진의

欲辯已忘言 욕변기망언

한가한 시골 마을 집을 짓고 나니
수레 끄는 소리 없이 조용하기만 하네
그대에게 묻노니 자네 왜 이렇게 사는가
마음이 멀어지니 거리도 멀어지는 법
동쪽 담장 아래 국화꽃 꺾어 들고
무심히 앞산을 바라보니
산속 기운 저녁노을 아름다워
날아갔던 새들도 집으로 돌아오네
이런 삶에 참뜻 있는 듯한데
하고 싶은 말도 잊어버렸다네

조용한 시골 마을에 마음 붙이고 의지할 모든 환경이 아직 익숙하지 않으니, 때로는 자신이 왜 이런 곳을 택하였는가 스스로 반문도 하였다.

마음이 멀어지면 거리도 멀어지고, 거리가 멀어지니 발자취도 끊어지는 한적한 산속의 생활이 있을 뿐이라는 사실을 도연명 스스로 깊이 깨닫고 있다.

앞산으로 날아간 새들도 저녁노을이 아름답게 변화하면 둥지로 돌아오는데, 이런 한적한 생활 속에서 진정한 삶의 의미를 부여하고 싶은 욕망이 솟아오를 수 있다.

하지만 이미 그 참뜻을 설명할 말이 필요 없게 됨을 깨달았음을 담담히 표현하는 전원생활의 시(詩)라고 할 수 있다.

이처럼 세속적 삶에 대한 마음이 멀어지면 사람들과의 관계도 멀어지면서 자신의 진정한 삶을 깨닫게 되는 것이다.

붉게 물들어 가는 산속의 저녁노을에 흰 구름도 비껴가고 어두움이 밀려오면 둥지를 찾아드는 산새들의 고요한 숨결을 무정(無情)의 즐거움으로 느끼면서 살아간 도연명이기에, 그의 「귀거래사」는 더욱 널리 알려졌으며, 오늘의 현대인들에게도 시사하는 바가 매우 크다고 할 수 있다.

이와 비슷한 삶을 살다간 초의 선사(草衣 禪師)도 일지암(一枝庵)을 짓고 팔십 평생을 살았다.

어느 날 산중의 아름다운 경치를 바라보고 있는데 우뚝 솟은 꽃가지가 눈을 가려 그 꽃가지를 잘라 내고 바라본 아름다운 풍경을 시(詩)로 옮겼으니 살펴보기로 한다.

碍眼花枝剗却了　　애안화지잔각요
好山仍在夕陽天　　호산잉재석양천

눈 가리는 꽃가지 잘라 내었나니

아름다운 산속 풍경 석양의 하늘가에 놓여 있네

이와 같이 자연과 더불어 즐거운 취미를 감상하고 인생의 참맛을 느끼며 살았던 혜강이나 도연명은 한재에 있어 잊을 수 없는 동경의 대상이 되었다.

하지만 한재는 자신이 즐겁게 생각하는 다성(茶性)과의 만남을 통해 즐겁게 감상하는 안목과 삶의 참맛을 느끼는 것에 더욱 뜻을 둔 것으로 보아야 한다.

그것은 이어지는 문장에서 더욱 확연히 드러나고 있다.

況茶之功最高 而未有頌之者 若廢賢焉
황 차 지 공 최 고 이 미 유 송 지 자 약 폐 현 언

不亦謬乎
불 역 류 호

하물며 다성(茶性)의 공덕(功德)이 가장 높다고 할 수 있건만, 다성(茶性)에 대해 칭송하는 사람이 없으니, 이것은 현인(賢人)을 버리는 것이며 잘못된 것이라고 생각한다.

해설

다성(茶性)을 함께할 수 있는 사람은 반드시 다성(茶性)에 대한 공덕을 생각해야 하고 항상 최고로 칭송해야 한다고 말한다.

만일 다성(茶性)에 대한 깊은 사랑과 존경심이 없다면 현인(賢人)을 멀리 유폐시키는 것과 무엇이 다르겠는가.

그것은 대단히 잘못된 것임을 지적하지 않을 수 없다고 강조하고 있다. 성리학의 유교(儒教)는 공맹(孔孟)의 유교와는 많이 다르다.

주자(朱子)는 기존의 유교가 도교, 불교와 더불어 융화된 사

상이라고 강조했으며, 오랜 시간 동안 도교와 불교의 자연관 및 내세관을 통해서 인간 삶의 옳고 그름에 대한 판단 기준을 삼아 왔다.

그러나 주자(朱子)는 그러한 훈고적 전통 철학이 너무 현실과 동떨어진 학문이라고 비판하면서, 지나칠 정도로 현세관을 강조했다.

따라서 주자(朱子)의 이러한 배타적 현실주의 사상이 조선시대 배불숭유(排佛崇儒)의 이념과 결합함으로 인해서 조선만의 독특하고 편협한 유교 문화를 탄생시키게 된다.

조선의 주자학은 너무나 현실적 문제의식에 집착하다 보니 예부터 유교와 도교, 불교가 지향해 온 조상 제사 문제가 주자(朱子)의 가르침에는 없다고 보는 지경에 이른다.

따라서 조선의 주자학은 귀신을 인정하지 않으면서 왜 제사는 지내야 하는가에 대한 학문적 이론을 제시하지 못했으며, 후학들은 다만 사람이 죽은 후 일정 기간 기(氣)가 흩어지지 않는 동안만 귀신을 인정하고 있다.

그렇다면 "돌아가신 지 오래된 조상은 제사에 와서 제삿밥을 드시는가?"라는 의문을 품게 된다.

이에 대해 주자는 '조상의 제삿날에 가족이 모여 효도를 실행한다'는 어정쩡한 논리를 내세우게 되고, 결국 주자(朱子)의 성리학(性理學)도 조선 5백 년간의 유교 문화 속에서 현실 문제들에 대한 완전한 해결책을 제시하지 못한 채, 오로지 당정과 군신 간의 정치적 이념에만 매몰되어 붕당 정치의 잘못된 폐해만을 남기고 말았다.

한재는 이러한 극단적이고 편협한 주자(朱子)의 학문에 매몰되지 않고, 다성(茶性)이란 철학적 깊이에 빠져들어 현실과 이상의 조화적 삶을 아름답게 살 수 있음을 강조한 것이다.

원학 스님의
〈십군자도(十君子圖)〉 중
'매화(梅花)'

不知近水花先發 부지근수화선발
疑是經春雪未消 의시경춘설미소

물 가까이 매화꽃 핀 것을
알지 못하고
의심하길
봄이 지났으나 눈이 녹지 않은 것인가

다명(茶名)과 품종(品種)을 밝히다

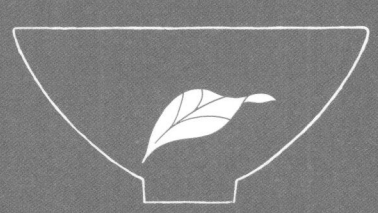

或曰 茶自入稅 反爲人病 子欲云云乎
혹 왈 차 자 입 세 반 위 인 병 자 욕 운 운 호

對曰 然
대 왈 연

然是豈天生物之本意乎
연 시 기 천 생 물 지 본 의 호

人也 非茶也 且余有疾 不可及此云
인 야 비 차 야 차 여 유 질 불 가 급 차 운

혹자는 말하길 "차(茶)로 인해 세금을 내야 하는 번거로움이 되어 오히려 사람들에게 병폐가 되는데, 그대는 왜 차(茶)를 칭송하는 부(賦)를 짓게 되는가?"

대답하기를 "그렇습니다.

그러나 그러한 잘못된 폐단이 하늘이 차물(茶物)을 만든 뜻에 있다고 하겠습니까?

잘못은 사람의 욕심 때문이지 차품(茶品)의 잘못이라 할 수는 없지 않겠습니까.

또한 나는 차품(茶品)을 지나칠 정도로 좋아하기 때문에 이러한 질문에 더 이상 답하지 않으려고 합니다."

해설

좀 더 구체적으로 「다부(茶賦)」를 짓게 된 이유를 밝히기 위해서 스스로 질문하고 답변을 하고 있다.

질문의 내용을 구체적으로 해설하면 다농(茶農)을 상대로 정부 관리들이 막심한 세금을 거두어들이는 문제가 다농(茶農)들에게 고통을 주고 힘들게 하는 병폐가 된다고 보았다.

이에 한재가 다부(茶賦)를 지어 다성(茶性)을 칭송하는 것은 잘못된 일이 될 수 있음을 가정하여 말하였다.

이것은 고려 시대부터 다전(茶田)을 일구어 온 다농(茶農)들에게 조정이 지나치게 거두어들이는 다세(茶稅)의 폐단이 있었고, 그에 대한 반발심을 갖고 있는 사람들이 한재에게도 원망을 할 수 있음을 말하고 있다.

한재는 그러한 비판을 의식해 '過在於人 其過非在於茶也(과재어인 기과비재어차야)'라 하였다.

즉 "잘못된 허물은 사람들의 잘못된 제도 운영에 문제가 있는 것일 뿐 허물이 차(茶)에 있다고 볼 수 없다."고 말하고 있다.

物有本末　　물유본말
事有始終　　사유시종

知所先後　　지소선후
則近道矣　　즉근도의

만물에는 본말이 있고
현실에는 시종이 있다
아는 것도 선후가 있어야
진리에 가깝다네

한재는 이러한 뜻에 따라 다덕(茶德)을 칭송하게 된 것이다. 자신이 좀 더 언급하고 싶었으나, 몸이 불편하여 바로 「다부(茶賦)」를 쓰게 된 이유를 말하고 있다.

원래 부(賦)는 한(漢)나라 시대부터 많이 지어 온 것인데, 우리에게 가장 많이 알려진 부(賦)로는 송대(宋代) 소동파(蘇東坡)의 「적벽부(赤壁賦)」를 들 수 있다.

부(賦)는 운율(韻律)의 형식에 따라 짓는 문장이 아니므로 산문(散文)에 가까운 문장이라고 할 수 있다.

따라서 부(賦)를 쉽게 해석하면 '읊다', '칭송하다' 등의 다양한 의미로 풀이할 수 있다.

다성(茶性)에 대한 완상(玩賞)과 미감(味感)을 부(賦)라는 형식을 통해서 다덕(茶德)을 칭송한 것이다.

인성(人性)의 기본을 잘 갈고 닦아야 훌륭한 인재가 되고 성현(聖賢)들을 존경하고 절의를 가까이해야 하듯이, 다성(茶性)을 가까이하는 것은 삶의 안목을 넓혀 주고 즐겁게 감상하는 마음과 맛스런 감정을 갖게 해 준다는 사실을 「다부(茶賦)」에서 강조하고 있다.

다명(茶名)에 대해 밝히다

其辭曰 有物於此 厥類孔多 曰茗 曰荈 曰蔎
기 사 왈 유 물 어 차 궐 류 공 다 왈 명 왈 천 왈 한

曰菠 仙掌 雷鳴 鳥嘴 雀舌 頭金 蠟面 龍鳳
왈 파 선 장 뇌 명 조 취 작 설 두 금 납 면 용 봉

召 的 山提
소 적 산 제

본론에 들어가 차나무의 명칭을 밝힌다면 여러 가지가 있다.
차 이름을 말한다면 명(茗)과 천(荈), 한(蔎)과 파(菠)가 있고, 선장(仙掌)이란 차 이름도 있다.
뇌명(雷鳴)과 조취(鳥嘴)가 있고, 작설(雀舌), 두금(頭金), 납면(蠟面)차, 그리고 용봉(龍鳳), 소(召), 적(的)과 산제(山提)차라는 것도 있다.

해설

여러 가지 차나무의 명칭에 대해 밝히고 있는데, 중국에서는 보이지 않는 차 이름도 있으며, 한재가 붙인 이름이 아닌가 생각된다.

한(蔊)과 파(菠)는 원래 약초 이름에 보이는데, 여기에 포함시킨 것은 우리나라 토산차(土産茶)의 일종으로 생각하여 다명(茶名)에 포함시킨 것으로 보인다.

『동의보감』「본초(本草)」에 보면 '한초(蔊草)는 황달에 쓰이는 약초로서 산장초(酸漿草)라고 한다'고 되어 있으니, 쓴맛이 도는 잎으로 생각된다.

파(菠)는 시금치나물로 알려진 일년생 잎인데, 처음 발아할 때 푸르고 뾰족한 모습이 찻잎의 모양과 비슷한 것에서 붙여진 이름으로 보인다.

왜냐하면 아직까지 파(菠)라는 명칭이 붙여진 차 이름이나 약초명이 보이지 않고, 우리의 밥상에서 쉽게 볼 수 있는 나물에 지나지 않기 때문이다.

다음 선장차(仙掌茶)는 선인장의 이명(異名)으로, 차엽(茶葉)의 형태가 선장(仙掌)처럼 둥글게 생겨서 붙여진 것으로 보인다.

당대(唐代) 이백(李白)은 시집 서문에서 형주(荊州) 지역 옥천사(玉泉寺) 부근에 심어진 찻잎을 선장차(仙掌茶)라고 부르기도 하였다.

枝葉如碧玉拳 然重疊 其狀如手

지엽여벽옥권 연중첩 기상여수

號爲仙人掌 蓋曠古未觀也
호위선인장 개광고미관야
惟玉泉眞公 常採而飮之 年八十餘
유옥천진공 상채이음지 연팔십여
顔色如桃花 此茗 淸香滑熟 異於他産
안색여도화 차명 청향활숙 이어타산
所以能還童振枯 扶人壽也
소이능환동진고 부인수야

차나무 가지에 붙은 잎이 푸른 옥빛으로 말려 있는데, 그 모양이 중첩되어 손바닥처럼 보였다.
이름하여 선인장이라 하는데, 예부터 많이 볼 수 있는 것은 아니다.
오직 옥천사 진공 스님께서 찻잎을 따서 법제하여 마시고 하였으니, 나이가 80여 세인데 안색은 복숭아꽃처럼 붉었다.
이러한 차는 맑고 부드러운 향기로 잘 법제되었으며, 다른 지방에서 생산된 차와는 차이가 있다.
이런 이유로 선장차를 마시면 능히 메마른 몸이 어린 아이처럼 생기가 돌고, 계속해서 마시면 사람의 수명을 연장시킨다고 하였다.

이러한 선장차(仙掌茶)에 대해 송대(宋代) 시인(詩人) 매요신(梅堯臣, 1002~1060)은 다음과 같은 다시(茶詩)를 지었다.

莫誇李白仙人掌　　막과이백선인장
且作盧仝走筆章　　차작노동주필장

이백의 선인장차 자랑하지 말게나
노동이 쓴 글에 칠완다도 있지 않은가

중국은 워낙 땅이 넓어 차나무가 기후와 풍토에 따라 잎 모양이 다르고, 법제에 따라 맛과 향기도 많은 차이가 난다.

또한 찻잎의 형태, 맛과 향기, 그리고 제다자의 뜻에 따라 다양한 차 이름이 붙여지는데, 때로는 지명(地名)을 따서 붙여진 차 이름도 많다.

뇌명차(雷鳴茶)란 모문석(毛文錫)이 오대(五代, 907~960) 때 지은 『다보(茶譜)』에 등장하며, 성분의 효능에 따라 다양한 차 이름이 있다.

仙家有雷鳴茶 常以春分之前後 多備人力後雷之發聲
선가유뇌명차 상이춘분지전후 다비인력후뢰지발성
倂手採摘 以茶爲貴 至三日而止
병수채적 이차위귀 지삼일이지
若一兩煎服 能去宿疾 二兩當眼前無疾
약일양전복 능거숙질 이양당안전무질
三兩換骨 四兩卽爲地仙
삼양환골 사냥즉위지선

신선 같은 집안에는 뇌명차가 있는데 항상 춘분 전후에 채엽해야 하기 때문에 인력을 많이 준비하여 놓고, 봄비를 재촉하는 우레 소리를 기다렸다가 비로소 차밭에 들어가 채엽하는데 이렇게 모아 법제한 차가 귀중할 뿐만 아니라 차 향기도 뛰어나다고 알려졌다.
만약 한 냥을 달여 복용하게 되면 능히 숙질을 제거하고, 두 냥을 달여 마시면 흐린 눈이 맑아지며, 세 냥을 달여 마시면 골류가 바뀐다.
네 냥을 달여 마시면 곧 땅 위에 살아가는 신선이 된다.

이것은 모문석이 『다보(茶譜)』에서 밝힌 내용인데, 여기서는 주로 차를 마실 때의 질병 치료 효능을 말하고 있으며, 끝부분에 지선(地仙)을 언급한 것을 보면 우리의 정신을 맑게 하는 데 효험이 있다고 할 수 있다.

특히 지선(地仙)은 이슬을 머금고 산다고 하듯이, 봄을 재촉하는 우레 소리에 찻잎이 놀라 더욱 힘차게 발아(發芽)하는 모습에서 '뇌명(雷鳴)'이라 차명(茶名)을 붙인 것으로 본다.

겨울 동안 지기(地氣)의 양분 속에 잠을 자다가 비로소 봄이 되자 하늘이 깨우는 우레 소리에 가장 먼저 겨울잠에서 깨어나는 생물(生物)이 찻잎이라고 할 수 있다.

이런 찻잎으로 법제된 뇌명차는 귀중한 대접을 받게 되는데, 보통 3일 정도만 잎을 따고 그치게 된다.

조취차(鳥嘴茶)란 찻잎 봉우리가 처음 발아할 때 새의 부리처럼 뾰족하기 때문에 붙여진 이름이다.

이러한 초봄 찻잎이 눈을 뜨는 시기에 따는 잎이 조취차이니, 흔히 청명(淸明) 전의 이른 시기에 채엽하는 봄차라는 뜻의 '명전(明前)'과 같은 의미라고 할 수 있다.

아쉽게도 이른 봄에 채집하는 찻잎은 많은 양을 얻을 수 없기 때문에 귀중한 약용이 될 뿐만 아니라, 마음의 번민을 씻어내 주어 신선 같은 마음을 갖게 해 준다고 말하고 있다.

작설차(雀舌茶)는 우리에게 가장 많이 알려진 차 이름이다.

이른 봄 발아하는 잎 모양이 참새의 혓바닥만 할 때 채엽해서 법제해 나온 차를 말한다.

우리가 잘 알고 있는 우전차(雨前茶)의 종류에 속한다.

명대(明代) 구우(瞿佑, 1347~1427)의 「차당(茶鐺)」이란 차시(茶詩)에 '작설(雀舌)'이란 이름이 나온다.

茶轉羊腸聲漸急　　차전양장성점급
香浮雀舌夢初回　　향부작설몽초회

수레 소리 양떼 소리 점점 급히 울려 오면
떠도는 차 향기 작설이여! 꿈속에서 나를 깨우네

여기서 수레 소리와 양떼의 시끄러운 소리는 찻물이 끓는 소리를 말한다.

찻물이 끓는 소리를 듣고 앉아 있으니 퍼져 가는 작설차 향기에 꿈에서 깨어날 수밖에 없음을 표현하고 있다.

이러한 작설차 향기에 꿈도 깨어날 뿐만 아니라, 맑은 지혜가 샘솟고 삶의 환희가 차 향기와 함께 피어남을 표현한 것이다.

두금차(頭金茶)란 찻잎의 끝부분이 뾰족하게 나올 때 황금빛이 맴도는 것을 말하는데, 찻잎을 따서 주로 떡차의 형태를

취하기도 한다.

따뜻한 남쪽 지방에서 생산되는 찻잎을 말하는데, 건주(建州), 검주(劍州) 지방에서 생산한다고 한다.

납면차(蠟面茶)란 향료와 고유(膏油)를 넣어 끓일 때 탕색에 떠도는 유화가 마치 납이 엉킨 모양과 비슷한 데 착안하여 붙여진 이름이다.

당대(唐代) 용뇌(龍腦)를 넣어 만든 차에서 향기가 나므로 납면차라고도 하는데, 요즈음도 찻잎에 말린 꽃이나 한약재를 넣어 만든 차가 있는데, 순수 찻잎에서 느낄 수 없는 독특한 향이 나는 차들의 일종이다.

용봉차(龍鳳茶)란 두 가지 의미를 지니고 있다.

송대(宋代) 건안(建安) 지방에서 만든 병다(餠茶)인데, 떡 모양을 찍을 때 용문(龍紋)이나 봉문(鳳紋)을 넣어 만들기도 하며, 혹은 포장지에 용이나 봉황, 꽃 문양을 그려서 붙여진 이름이기도 하다.

『대관다론(大觀茶論)』에는 '용단봉병(龍團鳳餠)의 차가 명관천하(名冠天下)'라고 되어 있다.

송대(宋代) 휘종(徽宗, 재위 1100~1125) 황제가 저술한 다론(茶論)인데, 그는 정치보다 차(茶)나 서화에 더 뛰어난 기질이 있었던 임금으로 잘 알려져 있다.

소차(召茶)는 잘못 기재된 내용으로, 석유차(石乳茶)의 일종인 것으로 보이며, 『한재문집』을 간행할 때 '소(召)' 자(字)로 잘못 기재된 것이 아닌가 생각된다.

왜냐하면 소(召)는 '부르다'의 뜻을 담고 있을 뿐, 차와 관련된 의미가 없기 때문이다.

밭에서 식수(植樹)하여 키우는 차종이 아닌, 자연 산림(山林) 속에서 자라는 차나무를 교목종(喬木種)이라 하는데, 높은 언덕 깊은 곳 돌틈에서 자생하는 차(茶)를 석유차(石乳茶)라고 하였다.

적차(的茶)는 적유차(的乳茶)의 준말로 송대(宋代) 증청단차(蒸青團茶)의 일종으로 알려져 있다.

산제차(山提茶)는 '산정차(山挺茶)'의 오기로 보는 것이 맞다고 생각한다.

중국 송대(宋代)까지의 문물제도에 관한 기록인 『문헌통고(文獻通考)』에 '산정차(山挺茶)'라는 이름이 나온다.

이상 14가지의 차명(茶名)에 대하여 살펴보았다.

계속해서 차명(茶名)에 관해 언급한 내용을 살펴본다.

勝金 靈草 薄側 仙芝 嬾蘂 運 慶 福 祿
승금 영초 박측 선지 난예 운 경 복 녹

華英 來泉 翎毛 指合 清口 獨行 金茗 玉津
화영 내천 영모 지합 청구 독행 금명 옥진

雨前 雨後 先春 早春 進寶 雙溪 綠英 生黃
우전 우후 선춘 조춘 진보 쌍계 녹영 생황

승금(勝金), 영초(靈草), 박측(薄側), 선지(仙芝), 난예(嬾蘂), 운(運), 경(慶), 복(福), 녹(祿), 화영(華英), 내천(來泉), 영모(翎毛), 지합(指合), 청구(清口), 독행(獨行), 금명(金茗), 옥진(玉津), 우전(雨前), 우후(雨後), 선춘(先春), 조춘(早春), 진보(進寶), 쌍계(雙溪), 녹영(綠英), 생황(生黃)차라는 것도 있다.

해설

앞에서 언급한 14가지의 차 이름은 우리에게 많이 알려진 차 이름인데, 이외 25가지의 차 이름은 생소한 이름이 많다.

승금차(勝金茶)는 광서(光緖) 13년(1887)에 편찬된 『신안지(新安志)』에 나오는 8종의 덩어리 차와 산차(散茶) 중에서, 산차

(散茶)의 일종이다.

승금(勝金)이란 찻잎이 아름답고 금빛처럼 윤기가 살아 있다는 귀중한 의미를 붙여 만든 산차라고 할 수 있다.

영초차(靈草茶)란 송대(宋代) 담주(潭州) 지방에서 생산된 편차(片茶)의 일종이다.

일반적으로 유명한 약초를 영초(靈草)라고 하는데, 다엽(茶葉)은 풀잎 중에서도 가장 신령스러운 효험과 맛이 있기 때문에 붙여진 이름으로 본다.

박측차(薄側茶)는 송대(宋代) 단차(團茶)의 일종으로, 하남성(河南省) 광주(光州) 지방에서 생산된 차를 말하며, 박측(薄側)이란 찻잎이 얇고 부드러운 첫물차의 일종으로 본다.

선지차(仙芝茶)는 송대(宋代) 요주(饒州) 지방에서 생산된 차로서, 일명 신선초(神仙草)라고도 한다.

불로초(不老草)의 일종인데, 찻잎을 달여 오래도록 마시면 몸과 마음이 신선의 피부처럼 생기가 맴도는 것을 두고 붙여진 이름이다.

난예차(嬾蘂茶)란 찻잎이 처음 발아할 때 잎눈이 트여지는 모습을 보고 붙여진 이름으로 추정된다.

안휘성(安徽省) 지방에서 생산된 송대(宋代)의 차명이다. 여기에서 난(嬾) 자(字)는 눈(嫩) 자의 오기로 본다.

운(運), 경(慶), 복(福), 녹(祿)은 운합차(運合茶), 경합차(慶合茶), 복합차(福合茶), 녹합차(祿合茶)를 말하는데, 지금의 강서성(江西省) 경덕진 지방과 안휘성에서 생산된 차를 통칭하는 말로, 송대(宋代) 단차(團茶)의 일종이다.

단차(團茶)를 찍을 때 운(運)은 재운(財運)을 뜻하고, 경(慶)은 길상(吉祥)을 의미하며, 복(福)은 성취(成就)를 뜻하고, 녹(祿)은 벼슬을 의미한다.

여기에 합(合) 자(字)를 붙인 것은 이 차를 달여 마시면 반드시 원하는 바를 이룰 수 있음을 표시한 것으로 보인다.

화영차(華英茶)는 차나무의 잎과 꽃의 아름다움을 표현하는 의미로 붙여진 것이라 할 수 있다.

송대(宋代) 안휘성 지역에서 생산된 단차(團茶)의 일종이다.

내천차(來泉茶)란 맑은 샘물과 찻잎은 분리될 수 없는 몸과 정신으로 합작(合作)된 것이라는 의미로 붙여진 이름으로 본다.

단차(團茶)의 일종으로 흡주(翕州) 지방에서 생산된 차를 말한다.

영모차(翎毛茶)의 영모(翎毛)란 새 그림을 의미하는데, 찻잎이 새털과 같이 가볍고 빛난다는 뜻과 봉황 등 새를 찍어 길상의 의미를 담아 붙여진 이름으로 본다.

송대(宋代) 단차(團茶)의 일종이다.

지합차(指合茶)는 송대(宋代) 요주(饒州) 지역에서 생산된 단차(團茶)의 일종이다.

지합(指合)이란 차 향기 속에 인간의 덕성(德性)을 가르치는 지남(指南)이 있다는 의미로 붙여진 것으로 본다.

청구차(淸口茶)란 차향(茶香)이 우리의 몸을 깨끗하게 하지만, 특히 입을 청정하게 하므로 붙여진 이름으로 본다.

송대(宋代) 호남성(湖南省) 귀주(貴州) 지방에서 생산된 산차(散茶)로, 『송사(宋史)』에 보인다.

독행차(獨行茶)는 모든 풀잎과 특별히 다른 것을 의미하여 붙여진 이름으로 본다.

많은 식물(植物) 중에서 차나무가 뛰어나다는 것을 말하며, 송대(宋代) 호남성(湖南省) 지방에서 생산된 단차(團茶)의 일종이다.

금명차(金茗茶)는 황금빛을 띤 찻잎을 의미하기도 하고, 탕색(湯色)이 황금빛을 보는 듯하여 붙여진 차명으로 본다.

송대(宋代) 단차(團茶)의 일종이다.

옥진차(玉津茶)는 차향(茶香)과 탕색(湯色)이 맑은 것을 의미해 붙여진 것으로 볼 수 있고, 혹은 지명을 따서 붙여진 이름으로 볼 수 있다.

송대(宋代) 단차(團茶)의 일종이다.

우전차(雨前茶)는 곡우(穀雨) 전에 잎을 따서 만든 차를 말하는데, 우리에게 잘 알려진 첫물차의 일종으로, 『송사(宋史)』에는 '증청산차(蒸青散茶)의 일종'이라고 되어 있다.

우후차(雨後茶)는 곡우절(穀雨節)이 지난 후에 채엽(采葉)한 차를 말하는데, 두물차 또는 하차(夏茶)라고도 한다.

『송사(宋史)』에는 형주(荊州)와 호주(湖州) 지방에서 생산된 산차(散茶)의 일종이라 한다.

선춘차(先春茶)는 완연한 봄이 오기 전 가장 빠른 시기에 채엽한 차를 말하는데, 추사(秋史)가 언급한 '승설차(勝雪茶)'에 가깝다고 할 수 있다.

명대(明代) 건주(建州) 지방에서 생산되었다고 한다.

조춘차(早春茶)는 선춘차와 마찬가지로 이른 봄에 채엽한 차를 말한다.

진보차(進寶茶)와 쌍계차(雙溪茶)는 편차(片茶)의 일종인데, 『문헌통고(文獻通考)』에는 다음과 같이 흥국군(興國軍)에서 생산된 편차(片茶)의 일종으로 되어 있으며, 쌍계(雙溪)는 쌍승(雙勝)의 오기(誤記)로 보인다.

片茶有進寶 雙勝 寶山 兩府 皆出興國軍
편차유진보 쌍승 보산 양부 개출흥국군

高宗建炎初 罷天下榷茶合同場十七處
고종건염초 파천하각다합동장십칠처
而興國軍与潭州 建州 洪州 江州
이흥국군여담주 건주 홍주 강주
仍置場監客 各一員 可知其出産之盛矣
잉치장감객 각일원 가지기출산지성의

편차의 일종인 진보차와 쌍승차, 보산차는 두 고을에서 나지만 모두가 흥국군 지역에서 생산된 것이다. 송나라 고종[연호 건염(建炎)] 재위 초에 천하의 각다합동장 17곳을 없애고, 흥국군과 담주, 건주, 홍주, 강주 지방에 각다장을 설치하였다. 감독하는 사람을 각각 한 사람씩 파견하였더니 많은 다엽생산(茶葉生産)이 성행함을 알게 되었다.

녹영차(綠英茶)는 찻잎에 녹색 윤기가 흐른다는 뜻으로 붙여진 이름으로 보는데, 송대(宋代) 단차(團茶)의 일종이다.

생황차(生黃茶)는 중국에서 일찍부터 황차가 있었던 것에서 붙여진 이름이다.

或散 或片 或陰 或陽 含天地之粹氣
혹 산 혹 편 혹 음 혹 양 함 천 지 지 수 기

吸日月之休光
흡 일 월 지 휴 광

이와 같은 차 이름을 두고라도 혹은 산차, 혹은 편차, 혹은 음지에서 자란 차, 혹은 양지에서 자란 차가 있다.
이러한 차는 하늘과 땅의 순수한 기운을 머금고, 해와 달의 은은한 빛을 받아 마시고 자란 차라고 한다.

해설

한재가 언급한 많은 차 이름 외에 혹은 산차와 편차가 있다.
이러한 찻잎이 성장할 때는 하늘과 땅의 순수한 정기를 받아먹고 자라며, 해와 달의 은은한 빛을 머금고 자란다는 것이다.

따라서 찻잎이 성장하기까지 맑은 공기 속에 기후 환경이 순수하지 않으면 잘 성장하지 못함을 강조한 것이다.

뿐만 아니라 찻잎이 성장할 때는 햇살과 달빛의 은은한 빛을 받아먹고 자라기 때문에 오염되지 않은 환경을 중시하고 있다.

차나무는 하나의 생명체로서 인간과 함께하며 뗄 수 없는 관계를 헤아려야 한다.

『대관다론(大觀茶論)』에 다음과 같은 글이 있다.

擅甌閩之秀氣 鐘山川之靈稟 祛襟滌滯 致淸導和
천구민지수기 종산천지영품 거금척체 치청도화
則非庸人孺子 可得而知矣
즉비용인유자 가득이지의
沖澹間潔 韻高致靜 則非遑遽之時 可得而好尙矣
충담간결 운고치정 즉비황거지시 가득이호상의

구민 지역의 빼어난 기운을 받아 내어 산천의 영험한 품위를 울리고, 마음에 막힌 것을 깨끗이 씻어 내며 맑은 환경에 부드러움으로 인도해 주니, 차는 용인(보통 사람)과 아이들이 얻어 알 수 있는 것이 아니라고 한다.
맑고 깨끗하고 간결하여 높은 운치가 고요한 찻자리에서 나타나니 황급한 때에 얻어서 좋아할 일이 아니다.

이것은 찻잎의 성장 과정에 있어 깨끗한 정기를 머금고 산천의 영험한 품위를 받아 성장하는 찻잎을 쉽게 대할 일이 아니라는 것이다.

따라서 보통 사람이나 어린아이는 차를 마신다고 해도 그 다성(茶性)을 알 수 없으며, 바쁜 생활 속에서 다성(茶性)을 만나기는 더욱 어렵다는 것이다.

한재가 언급한 천지(天地)의 순수한 기운[粹氣]과 일월(日月)의 은은한 빛을 머금고 자라난 찻잎을 달일 때는 반드시 정성을 들여야 한다.

또 차를 마실 때는 작은 찻잔 속에 순수한 기운, 해와 달의 은은한 빛에서 나오는 정기를 몸소 마신다는 자세로 음미(吟味)해야 한다.

이것이 다인(茶人)의 삶이 되고, 다성(茶性)과 함께 죽을 때까지 즐겁게 감상하면서 인생의 참맛을 느끼는 사람이 진정한 다인(茶人)이라 할 수 있다.

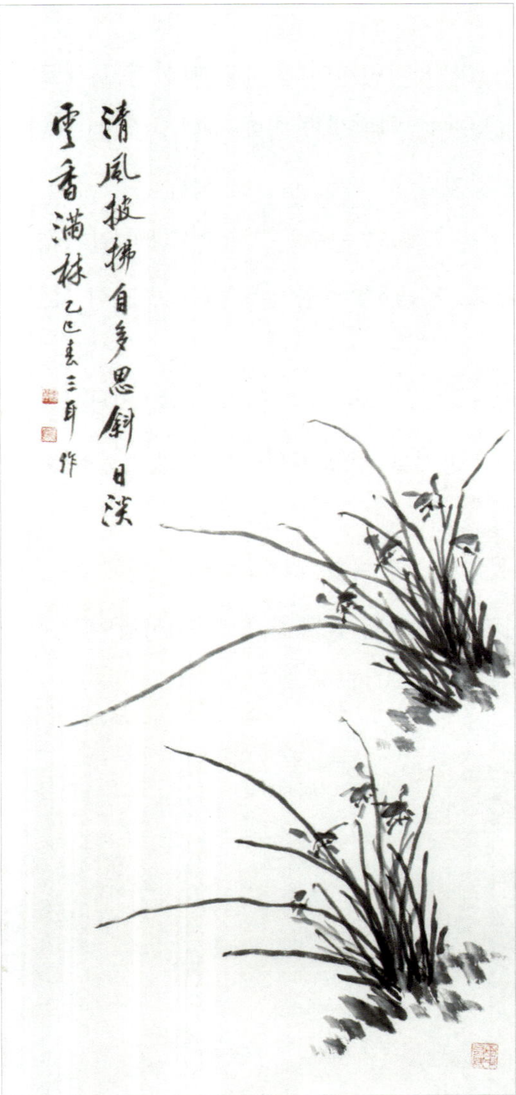

원학 스님의
〈십군자도(十君子圖)〉 중
'난초(蘭草)'

淸風披拂自多思 청풍비불자다사
斜日淡雲香滿林 사일담운향만림

맑은 바람 살랑살랑
온갖 생각 일어나고
저녁노을 안개구름
향기는 잎 속에 가득하네

차나무가 생산되는 지명(地名)을 말하다

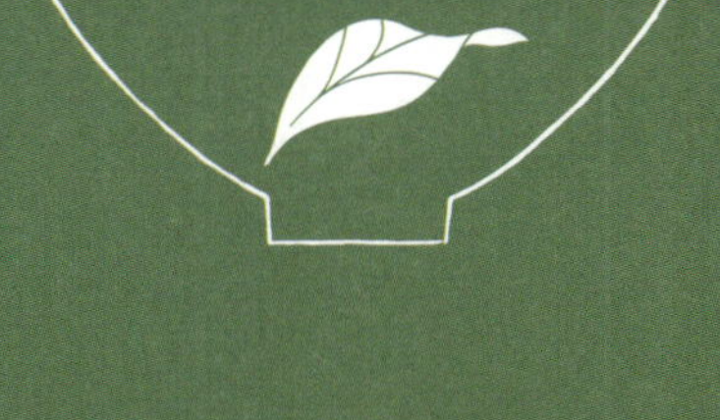

其壤則石橋 洗馬 太湖 黃梅 羅原 痲步 婺
기 양 즉 석 교 세 마 태 호 황 매 나 원 마 보 무

妻 溫 台 龍溪 荊 峽 抗 蘇 明 越 商城
처 온 태 용 계 형 협 항 소 명 월 상 성

王同 興 廣 江 福 開順 劍南 信 撫 饒 洪
왕 동 흥 광 강 복 개 순 검 남 신 무 요 홍

筠 哀 昌 康 岳 鄂 山 同 潭 鼎 宣 歙 鴉
균 애 창 강 악 악 산 동 담 정 선 흡 아

鍾 蒙 霍
종 몽 곽

차나무가 자라나는 토양에 대한 지역을 살펴보면 석교 지방, 세마 지방, 태호 지방, 황매 지방, 라원 지방, 마보 지역, 무주 지역, 처주 지역, 온주 지방, 태주 지방, 용계 지역, 형주 지방, 협주 지방, 항주 지방, 소주 지방, 명주 지방, 월주 지역, 상성 지역, 왕동 지역, 영흥 지역, 광덕군 지방, 강주 지역, 복주 지방, 계순 지방, 검남 지역, 신주 지방, 무주 지방, 요주 지방, 홍주 지역, 균주 지방, 애주 지방, 건창군 지방, 남강군 지역, 악주 지방, 악주 지역, 산 지방, 동 지방, 담주 지역, 정주 지역, 선주 지방, 흡주 지방, 아 지방, 종산 지방, 몽산 지역, 곽산 지방 등이다.

해설

석교(石橋)는 호북성 형문시 석교현의 지명이다.

세마(洗馬)는 호북성 세마현이다.

태호(太湖)는 안휘성 안경(安慶) 지역 태호를 말하는데, 이곳에 차를 수집하고 관리했던 각다장(榷茶場)이 있었다.

황매(黃梅)는 호북성 황강 지역의 황매현을 말한다.

라원(羅原)은 복건성 복주 북쪽 부근을 말한다.

마보(麻步)는 안휘성 육안(六安) 지방 대별산(大別山)을 뜻한다.

무주(婺州)는 절강성 금화시를 말하는데, 이곳에서 용문차(龍門茶) 등이 생산되었다.

처주(處州)는 절강성 여수현을 말한다.

온주(溫州)는 절강성 온주시를 말한다.

태주(台州)는 절강성 태주시를 뜻한다.

용계(龍溪)는 복건성 장주시 북쪽을 가리킨다.

형문군(荊門軍)은 호북성 형주시를 말한다.

협주(峽州)는 호북성 의창시를 말하는데, 이곳에서 협주벽봉차(峽州碧峯茶)가 생산된다.

항주(杭州)는 절강성 수도인 항주시를 말한다.

소주(蘇州)는 강소성 수도인 소주시를 말한다.

명주(明州)는 절강성 영파시를 말한다.

월주(越州)는 절강성 소흥시를 가리키는데, 이곳에서 소흥일주(紹興日注)와 월홍공부(越紅工夫) 차(茶)가 생산된다.

상주(商州)는 하남성 신양과 광산 지역을 말하는데, 이곳에서는 벽도검호(壁渡劍毫)와 금강벽록(金剛碧綠) 등의 차(茶)가 생산된다.

왕동(王同)은 섬서성 대려(大荔)와 조읍(朝邑) 지역을 일컬어 말한다.

흥국군(興國軍)은 안휘성 영홍 지역을 말한다.

광덕군(廣德軍)은 안휘성 태호 지역을 말하는데, 이곳에서 오화암차(五花岩茶)가 생산된다.

강주(江州)는 강서성 구강시(九江市)를 지칭한다.

복주(福州)는 복건성 수도 복주시를 말한다.

개순(開順)은 안휘성 육안 지역을 말하는데, 영산검봉차(靈山劍峯茶)가 생산된다.

검남(劍南)은 복건성 남평(南平) 지역인데, 두금차(頭金茶)와 용원승설(龍園勝雪) 등 다양한 차가 생산된다.

신주(信州)는 강서성 상요시를 말하는데, 이곳은 상요백미차(上饒白眉茶)가 유명하다.

무주(撫州)는 강서성 무주시를 말한다.

요주(饒州)는 강서성 파양현을 말하는데, 이곳에서 선지차(仙芝

茶) 등이 생산된다.

홍주(洪州)는 강서성 남창시를 말하는데, 남창시의 옛 지명이 홍주이다.

균주(筠州)는 강서성 고안현(固安縣)을 말한다.

애주(哀州)는 강서성 의춘(宜春)의 소주(素州)를 말한다.

창(昌)은 건창군(建昌軍)을 말하는데, 건창부(建昌府)가 있었던 사천성(泗川省) 서창시(西昌市)를 가리킨다고 한다.

강(康)은 남강군(南康軍)이 있었던 강서성 남강시를 말한다.

악주(岳州)는 호남성 악양시를 말하는데, 여기에서 생황차(生黃茶), 군산은침차(君山銀針茶) 등이 나온다.

악주(鄂州)는 호북성 무한시(武漢市)를 말한다.

산(山)은 호북성 양번시를 말한다.

동(同)은 섬서성 상남(商南)을 말하는데, 이곳에서 생산되는 상남천명차(商南泉茗茶)가 있다.

담주(潭州)는 호남성 장사시(長沙市)를 말한다. 이곳에서 영초차(靈草茶), 독행차(獨行茶) 등이 생산된다.

정주(鼎州)는 호남성 상덕시(常德市)를 지칭한다.

선주(宣州)는 안휘성 선성시(宣城市)를 말하는데, 이곳에는 녹차(綠茶) 외에도 화선지가 유명하다.

아(鵶)는 안휘성 영국현(寧國縣)이라고도 하고, 하남성 루하시

(漯河市)라고도 한다.

종(鍾)은 하남성 신양시(信陽市) 종산(鍾山) 지역을 말하는데, 이곳에서 신양모첨(信陽毛尖)과 진뢰검호차(震雷劍毫茶)가 나온다.

몽(蒙)은 광서장족자치구(廣西壯族自治區) 몽산시(蒙山市)를 말하는데, 이곳에서 백색홍쇄차(百色紅碎茶)와 몽산자순차(蒙山紫荀茶)가 생산된다.

곽산(霍山)은 안휘성 곽산현을 말한다. 이곳에는 각다장(榷茶場)이 있었다고 한다.

곽산은 차나무가 성장하기에 좋은 토질과 환경을 갖추었기에 다음과 같은 시(詩)가 있다.

蟠柢丘陵之厚　　반저구릉지후
楊柯雨露之澤　　양가우로지택

차나무 뿌리 언덕 두터운 곳에 자라고
가지는 우로의 습기를 머금고 자란다네

대체로 한재가 언급한 지역 외에도 차가 생산되는 곳은 많다. 그러나 한재 자신이 현장을 보고 기록하였다기보다는 중국의 문헌에 남겨진 내용들을 참고했다고 볼 수 있다.

중국 내륙 지역을 중심으로 남부 지역의 온대성 습도가 차나무 성장에 좋은 지역이므로, 내륙과 남쪽 지방의 지명(地名)들을 언급하고 있다.

이러한 언급을 생각하면 서남쪽에서 생산된 보이차(普洱茶)에 대한 언급은 없다고 할 수 있다.

육우의 『다경(茶經)』을 비롯해서 한재가 「다부(茶賦)」를 저술할 때까지도 보이차(普洱茶)는 약용의 일종으로 인식되어진 것으로 생각된다.

따라서 오늘날 보이차(普洱茶)가 녹차(綠茶)와 더불어 다도(茶道)의 반열에 올라오기까지는 상당한 시일이 소요되었을 것으로 추정된다.

한 사람이 태어나 성장하기 위해서는 적합한 환경이 결코 쉽게 주어지는 것이 아니라 자신의 끊임없는 노력이 있어야 한다.

마찬가지로 다성(茶性)이 완성되어 우리의 찻자리에 오르기까지는 탕색(湯色)과 향기(香氣), 그리고 미감(味感)을 구현하기 위한 인간의 정성을 반복적으로 투여해야 한다.

특히 비탈지고 험준한 산등성이에서 풍우를 견디면서 천지의 기운을 받아 이슬을 머금고 잎이 윤택하게 성장하는 것은 결코 쉬운 일이 아니다.

또한 차나무가 자라는 환경으로는 평지보다 비탈진 구릉이 좋다고 한다. 찻잎의 성장에는 물이 고이는 것을 가장 싫어하기 때문이다.

이러한 차나무가 잘 자라나서 삼매(三昧)의 손길을 만나 비로소 다성(茶性)으로 완성되는 것이다.

또한 다성(茶性)을 길러 내는 인성(人性)의 삼매수(三昧手)를 만나 다선일미(茶禪一味)가 되는 것이다.

그래서 초의 선사는 차를 다루는 팽주(烹主)의 마음과 손짓을 일컬어 '삼매수(三昧手)'라 하였다.

삼매(三昧)란 번역하면 정심행처(正心行處)라고 한다. 바른 마음을 가지고 실행에 옮긴다는 뜻이니 뭇 사물과 무심(無心)으로 주고받는 과정이라 할 수 있다. 요즘 다인(茶人)들이 깊이 생각해 볼 화두라고 하겠다.

한재와 비슷한 시기에 살았던 김시습(金時習, 1423~1493)의 다시(茶詩) 한 편을 살펴보자.

無雨雷聲何處動	무우뇌성하처동
黃雲片片四方分	황운편편사방분
桃紅柳綠三月暮	도홍유록삼월모
珠貫靑針松葉露	주관청침송엽로

빗소리 없는데 우레는 어느 곳에 울리는가
황운은 조각조각 사방으로 흩어지고
붉은 복숭아 녹색 버들 삼월 저녁에
구슬 같은 솔잎 이슬 머금고 뾰족이 뚫고 나왔네

이것은 김시습이 차나무를 가꾸면서 세심히 관찰하여 얻어진 시(詩)라고 할 수 있다.

비는 내리지 않아도 비를 재촉하는 우레 소리에 어수선한 분위기가 되고, 구름은 사방으로 흩어져 달아나는데, 오로지 차나무의 잎 봉오리는 솔잎의 이슬방울을 머금고 뾰족하게 푸른 침을 드러낸다고 하였다.

이렇듯 세심한 관찰력을 갖고 다성(茶性)의 변화를 지켜본 김시습이기에 삶의 의미를 더욱 굳건히 하였는지도 모른다.

그는 자신이 처한 시대의 현실이 올바르지 못하다는 분노와 어디에도 한탄할 수 없는 마음이 야속하기만 했다.

老木開花心不老　　노목개화심불노

오래된 나무에 꽃이 핀다 한들
마음까지 늙지 않을 수 있을까

김시습 스스로 외부 환경이 변해도 자신의 마음은 늙지도 않고 변하지도 않을 것임을 차나무를 가꾸며 다짐하고 또 다짐했다.

어느 날 찾아온 손님과 마주 앉아 차를 마시며 지은 김시습의 시(詩) 한 편을 다시 살펴보자.

兩耳聊聊獨坐時　　양이요요독좌시
半簾針日映花枝　　반렴침일영화지
年來漸覺無拘束　　연래점각무구속
滿肚幽懷卽是詩　　만두유회즉시시

두 귀는 무료하게 홀로 앉아 있을 때
반쯤 쳐진 대발 사이로 햇살이 꽃가지에 비춰
해가 가고 와도 점점 자유로워진다네
뱃속에 차 향기 품으니 그것이 바로 시가 되었네

김시습은 어린 단종이 삼촌에 의해 비명에 죽어 간 모습을 비통해 하면서도, 자신이 할 수 있는 힘이 없음을 부끄럽게 생각하여 평생을 방랑하는 나그네로 여생을 마쳤다.

그러나 김시습도 한재와 같이 자신이 일생 동안 기쁨을 받을 수 있는 의지처로 다성(茶性)을 가꿔 가면서 차 향기로 마음을 달래 주는 위로의 다우(茶友)를 택했다고 할 수 있다.

김시습이 다우(茶友)를 벗하듯 한재도 다우(茶友)로 시대에 처해진 아픔을 치료하면서 진정한 삶의 환희를 즐겼다.

그렇다고 누구를 원망하거나 잘못 태어난 현실을 부정적으로 생각하기보다는 더욱 적극적이면서 여유로운 삶을 살고자 한 것이다.

따라서 김시습과 한재는 한평생 다성(茶性)과 함께하고 일여(一如)한 선미(禪味)를 느끼면서 조용히 한 생을 마감하였다.

원학 스님의
〈십군자도(十君子圖)〉 중
'국화(菊花)'

西風三逕近秋期 서풍삼경근추기
閒看山重理菊枝 한간산중리국지

좁은 숲길에
서풍 불어 가을을 알리고
한가롭게 중첩된 산뫼 바라보니
국화 꽃가지엔 꽃이 피었네

차나무는 열악한 환경에서 자란다

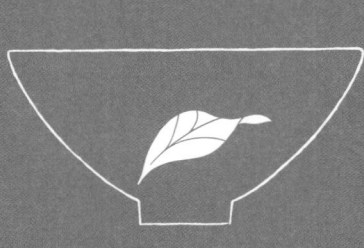

造其處則	조기처즉
崆岘嵑嵑	공앙갈갈
險巇屼嵂	험희올율
嵱嵂嵒嵲	용죄암얼
嵣嵘崱屴	당망측리
呀然或放	하연혹방
豁然或絶	활연혹절
崦然或隱	엄연혹은

차나무가 생장하는 곳은
사람들이 쉽게 접근할 수 없는 험한 곳이라네
바위 틈 울퉁불퉁한 곳
돌 비탈 험한 곳 가파른 곳이라네
위험한 암봉들이 우뚝 솟아 뻗어 있고
산등성이 높았다 낮아지네
휑하니 넓게 트였다가
확 트인 듯 끊어지고
어둑하여 숨은 듯하네

해설

차나무가 생육하기 힘든 숲속과 산등성이에 대해 읊고 있다. 산세(山勢)가 순한 곳은 차나무가 생육하는 데 오히려 적합하지 않다고 본 것이다.

높은 산속 정기를 머금고 안개의 습도를 잘 유지하면서 밤이 깊어 내리는 이슬을 받아먹고 자라는 찻잎의 품질이 최고가 된다고 보았다.

특히 뒤얽힌 풀숲이거나 대숲 사이 반음반양(半陰半陽)의 빛과 공기를 머금고 자라는 차가 좋은 상품이 된다고 할 수 있으며, 이러한 자연환경 속에서 잘 자라는 찻잎을 교목종(喬木種)이라고 하는데 많은 양을 취하기가 쉽지 않다.

鞠然或窄 其上下所見 星斗咫尺 其下何所聞
국 연 혹 착 기 상 하 소 견 성 두 지 척 기 하 하 소 문

江海吼咲 靈禽兮 翎颬 異獸兮 拏攫
강 해 후 돌 영 금 혜 함 하 이 수 혜 나 확

奇花瑞草 金碧珠璞 蕁蕁蓑蓑 磊磊落落
기 화 서 초 금 벽 주 박 준 준 사 사 뇌 뇌 낙 낙

徒盧之所趑趄 魑魈之所通側
도 로 지 소 자 저 리 소 지 소 통 측

굽은 듯 좁아지는 산세 위로 쳐다보니 북두칠성이 지척에 있는 듯하고, 아래로는 강물과 바닷물이 충돌하여 울리는 듯한 소리가 있고, 산속에는 신령스러운 새들이 울면서 퍼덕거리며 나는 듯하고 특이한 짐승들이 가까이 있어 잡힐 듯하다.
기이한 꽃과 서기가 맴도는 풀잎들이 엉켜 있고 그 사이로 금빛 푸른 줄기에 열매가 구슬처럼 주렁주렁 달려 있다.
모두가 주저하고 있을 때 마치 도깨비가 옆에 있어 지나가는 듯하다.

해설

차나무가 자생하는 환경이 척박하고 무서운 공포감마저 느껴지는 숲속의 정경을 실감나게 표현하였다.

한재는 산속에 자생하는 풀들이 줄기를 뻗어 구슬 같은 열매가 달려 있고, 산새 떼들이 노래를 부르고 산짐승들은 똥오줌을 누면서 자유롭게 다니는 길 가운데 자라는 차나무가 최고로 좋은 차가 될 수 있음을 실감 나게 설명하고 있다.

다시 말해서 차나무가 조용한 곳에서 혼자 자라는 것이 아니라 산속 뭇 생명체와 더불어 서로가 서로의 양분을 나누어 짐승은 열매를 따먹고 풀과 차나무는 짐승들의 양분을 먹고 자라고 있음을 설명하고 있다.

이러한 환경에서 자라는 차나무가 잎은 윤기가 흐르고, 꽃은 깨끗한 흰색에 꽃술은 황금색을 나타내게 된다.

차나무가 이렇게 성장하기까지는 산도깨비와 같은 기이한 산신들의 보호가 있었음을 표현하고 있다.

훗날 초의 선사는 이러한 자연환경 속의 차나무 숲을 거닐며 시(詩) 한 수를 읊었다.

聽鳥休晩參　　청조휴만참

薄遊古澗陲　　박유고간수
遣興賴佳句　　견흥뢰가구
賞心會良知　　상심회양지

새소리 듣느라 저녁 참선 쉬었네
깊은 개울가 언덕을 거닐면서
흥얼거린 소리가 예쁜 시가 되었나니
나의 상심(賞心)을 좋은 벗은 알겠지

초의 선사는 찻자리에 앉기 전 반드시 우거진 차나무 숲 사이로 흐르는 냇가를 산책하였다고 한다.

그러면서 산새들의 소리에 귀를 기울이고, 새들의 노래에 맞장구를 치면서 흥얼거리는 것이 시(詩)가 되었다는 것이다.

아마도 이러한 시를 구체적으로 완성할 때는 산책에서 돌아와서 찻자리에 앉아 다향(茶香)에 젖어 시상(詩想)을 떠올렸다고 할 수 있다.

다성(茶性)에 시심(詩心)이 동하여 자연의 숲속 계곡을 거닐 때 새들의 지저귀는 소리는 차 향기만큼이나 초의의 마음을 움직였을 것이니, 어찌 차를 마시고 차 향기에 마음을 풀지 않을 수 있었겠는가.

여기서 한재가 차나무의 서식 환경을 노래하면서 새들이 내는 위로의 노랫소리와 짐승들의 양분을 높이 찬양한 한재의 마음은 곧 초의의 뜻과 일맥상통한 것을 알 수 있으며, 그 마음이 초의가 느낀 마음과 같이 다성일미(茶性一味)로 돌아옴을 알 수 있다.

원학 스님의
〈십군자도(十君子圖)〉 중
'묵죽(墨竹)'

蕭蕭六月動秋思 소소육월동추사
不是風聲即雨聲 부시풍성즉우성

소소한 유월 바람
가을 생각 나게 하고
이 바람이
비를 재촉하는 소리가 아닐까

봄은 찻잎을 깨우는 신(神)이다

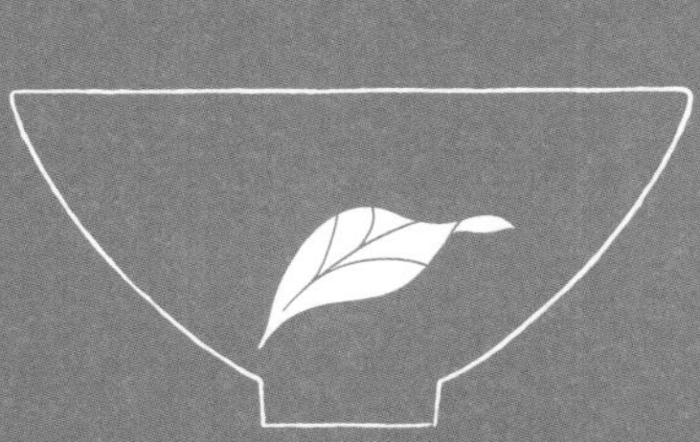

於是谷風起 北斗轉璧 氷解黃河 日躔靑陸
어 시 곡 풍 기 북 두 전 벽 빙 해 황 하 일 전 청 육

草有心而未萌 木歸根而欲遷
초 유 심 이 미 맹 목 귀 근 이 욕 천

惟彼佳樹 유피가수
百物之先 백물지선
獨步早春 독보조춘
自專其天 자전기천

산골짜기에 바람이 일어나 북두칠성을 휘감고 돌아오면 황하의 얼음이 풀리기 시작한다. 해가 떠오르면 따뜻한 온기가 육지의 새싹을 돋우어 푸른색이 된다.
찻잎은 다른 풀잎보다 앞서 겨울잠에서 깨어나 눈을 뜨고 비로소 나무들은 뿌리가 움직이기 시작한다.

저 아름다운 차나무여!
만물 중에 먼저 깨어났네
이른 봄 홀로 새싹 틔워
온 하늘을 수놓고 있네

해설

봄을 재촉하는 산골짜기에 바람이 불어 저 높은 북두칠성을 휘돌아 훈기로 변해 대지로 내려오면 비로소 겨우내 꽁꽁 얼어붙은 황하의 강물이 녹아 흐른다.

산정에서 일어난 햇살이 뜨거워지면 대지는 청록색으로 변해 간다.

이때 가장 먼저 차나무에 생기가 돌고, 아직 다른 나무들의 잎 봉오리가 나오지 아니할 때 땅속 나무뿌리들이 겨울잠에서 깨어나 움직이기 시작한다.

하늘이 내린 차나무는 뭇 나무들의 생명보다 앞서 잎 봉오리를 틔워, 온 봄을 혼자 차지한 듯 하늘만큼이나 푸른 잎 향기를 발산한다고 본 것이다.

따라서 차나무는 하늘과 땅이 점지해 준 나무로서 가수(佳樹)라고 하였다.

이러한 가수(佳樹)는 인간의 정신을 깨우고 몸을 가볍게 다스리는 큰 힘이 있음을 깨달아야 한다.

紫者 綠者 靑者 黃者 早者 晩者 短者 長者
자자 녹자 청자 황자 조자 만자 단자 장자

結根竦幹 布葉垂陰 黃金芽兮 已吐
결근소간 포엽수음 황금아혜 이토

碧玉蕤兮 成林晻曖蓊蔚 阿那嬋媛 翼翼焉
벽옥유혜 성림암애옹울 아나선원 익익언

与与焉 若雲之作霧之興 而信天下之壯觀也
여여언 약운지작무지흥 이신천하지장관야

洞嘯歸來 동소귀래
薄言采采 박언채채
擷之捋之 힐지날지
負之戴之 부지재지

찻잎의 색상은 자색과 녹색, 청색과 황색이 있고, 일찍 핀 잎과 늦게 핀 잎이 있으며, 짧은 잎과 길쭉한 잎이 있다.
엉킨 뿌리에 가지는 듬성듬성 잎이 나서 그늘이 드리워지면 황금빛 새싹이 돋아나고, 한여름이 지나 찬바람이 불면 차나무 잎줄기에 벽옥 같은 구슬이 달린다.
무성한 찻잎이 숲을 이룰 때면 그늘진 찻잎에 윤기가 흘러 마치 미인같이 아름답다.

날아갈 듯 빽빽한 차나무 잎은 마치 구름이 안개 되어 일어나듯 하고, 온 천하에 비로소 봄소식을 전하는 장관이라 할 수 있다.

즐겁게 콧노래 불러 돌아올 때
작은 목소리 흥얼대며 찻잎을 따서
그릇에 담고 담아
짊어지고 온다네

해설

차나무는 이른 봄부터 가장 먼저 겨울잠에서 깨어나 잎 봉오리를 틔우게 된다.

그것은 마치 하늘과 땅 사이에 바람이 일고, 그 바람이 하늘의 북두칠성을 돌고 돌아와 훈풍이 되고, 그 따스한 봄기운에 찻잎 봉오리가 눈을 뜨는 모습을 읊고 있다.

특히 찻잎이 무성해 그늘이 지면 윤기 나는 찻잎에 황금 같은 빛이 돌고, 그 빛은 아름다운 미녀를 보는 듯하다고 한다.

또한 차꽃과 열매가 맺혀서 벽옥처럼 주렁주렁 달린 모습은 놀라운 산속의 풍경이라고 표현하고 있다.

조선 시대 하연(河演)이라는 유생이 어느 스님에게 햇차를 보내며 지은 다시(茶詩)가 있다.

차를 좋아하는 유생이 차 맛을 보고 느낀 감정을 어느 스님에게 솔직히 표현한 다시(茶詩)라고 할 수 있다.

晉池風味臘前春　　진지풍미납전춘
智異山邊草樹新　　지리산변초수신
金屑玉糜煎更好　　금설옥미전갱호
色淸香絶味尤珍　　색청향절미우진

넓은 연못가 부는 바람
선달 전 봄을 알리는 맛이라네
지리산 골짜기에
풀과 나무들이 새롭게 싹을 틔우고
금가루 옥구슬 같은 차
달여 마시기 더욱 좋은데
탕색은 맑고 향기는 비교할 수 없으니
맛은 더욱 진기하기만 하네

또한 김시습(1435~1493)이 쓴 다시(茶詩) 한 편을 보자.

南國春風軟欲起　　남국춘풍연욕기
茶林葉底含尖觜　　다림엽저함첨취
揀出嫩牙極通靈　　간출눈아극통령
味品曾收鴻漸經　　미품증수홍점경

남쪽 나라 봄바람 불어오니
공기는 부드럽게 일어나네
차나무 숲속엔
뾰족한 촉이 나온다네
작은 찻잎 따내어 보니
지극히 신령스럽기만 하네
차 맛과 품위는
일찍 육우의 다경에도 수록되었네

매월당(梅月堂) 김시습이 차나무를 심어 놓고 이른 봄 찻잎이 뾰족이 발아하는 것을 보고 지은 다시(茶詩)이다.

특히 이른 봄 첫물에 딴 작은 찻잎을 달여 먹으니, 마음은 하늘과 통하고 몸은 대지의 넓이처럼 신령스러움마저 느끼고 있음을 밝히고 있다.

차 맛과 품위를 구체적으로 표현한 명대(明代) 진요문의 품평에 대해 알아보자.

明月峽 在顧渚側 二山相對 石壁峭立 大澗中流
명월협 재고저측 이산상대 석벽초립 대간중류
亂石飛走 茶生其間 尤爲絶品
난석비주 다생기간 우위절품

명월협은 고저땅 부근에 있다. 명월과 고저 쪽의 두 산이 서로 마주 보고 있는데, 산세가 험악하여 석벽에 돌들이 뾰족하게 튀어나와 있다.
두 산의 중간에 큰 개울물이 흐르고, 개울가에 어지럽게 널려 있는 바위들은 금방이라도 달아날 것 같은 모양이다.
이러한 가운데 차나무가 돌 틈에 자라고 있어, 산속 정기와 맑은 물소리에 안개가 일어나 스치고 지나간 찻잎을 따서 달여 마시니, 그 맛과 품질은 말로 설명할 수 없을 정도로 뛰어나다.

한재가 차나무의 생육 환경에 대해 설명했듯이 산세가 험준한 곳에서 자라야 차 맛이 제대로 나온다고 하였으니, 한재 스스로가 죽음을 앞두고 겪게 될 어려움을 미리 예감이라도 한 듯하다.

인생이 어려운 고초를 겪고 난 후 성숙되어 가는 것과 마찬가지로 험준한 곳에서 자란 찻잎이 절품의 향기와 맛을 갖게 되는 것이다.

그렇듯 옛 선인들은 힘들고 어려울 때마다 찻자리에서 다성(茶性)에서 우러난 맛과 향기로 마음의 위안을 삼았다.

따라서 차는 인생의 지혜를 증장시켜 주는 존재이기 때문에 의인화하여 '척번자(滌煩子)', 즉 '번뇌를 씻어주는 선비'라고 하였다.

일찍이 육우(陸羽, ?~804) 『다경(茶經)』에서 차의 맛과 효능에 대해서 언급하고 있다.

> 茶之爲用 味至寒 爲飮最宜 精行儉德之人 若熱渴
> 다지위용 미지한 위음최의 정행검덕지인 약열갈
> 疑闕 腦疼 目澁 四支煩 百節不舒 聊四五啜 与醍醐
> 의관 뇌동 목삽 사지번 백절불서 요사오철 여제호
> 甘露抗衡也
> 감로항형야

차를 잘 마실 수 있어야 하는 때에 반드시 유념해야 할 것은 차 맛은 지극히 찬 성질을 가지고 있어 마시기에 적당해야 한다는 것이다.

정행검덕을 닦는 사람에게는 열과 갈증이 엉켜 심해지고 뇌가 아프고 눈이 침침하며 온 사지가 번거롭고 뼈마디마디가 편안하지 못할 때, (차를 달여) 네다섯 잔만 마시면 아픈 고통이 사라지는 효과가 있으며, 그 효과는 제호나 감로와 같다.

육우도 차를 잘 마시는 것에 대해 마음과 몸을 닦는 수행의 방편으로 생각했다.

정성을 들인 차를 마시며 정행검덕을 실천하는 자에게는 언제나 검소한 품위로 차향과 맛의 덕(德)을 닦는 것이라고 한다.

또한 제호(醍醐)는 지상(地上)에서 비교할 수 없는 맛과 생명을 탄생시키는 우유의 압축(발효)된 덩어리를 뜻한다.

어린 생명이 젖을 먹고 성장하는 것도 제호(醍醐)를 의미한다 할 수 있으며, 감로(甘露)란 한밤의 정기로 뭉쳐진 이슬이라는 뜻으로, 산림(山林)의 초목(草木)들은 하늘이 내린 이슬을 머금고 비로소 잎으로 성장한다는 의미를 담고 있다.

불교에서 부처님의 설법을 감로법문(甘露法門)이라 하는데,

뭇 중생이 부처님의 설법을 듣고 비로소 무명(無明)에서 깨어나 진리를 향한 지혜의 눈이 싹트기 시작한다고 보기 때문이다.

또한 신선(神仙)은 냄새나는 삶은 음식을 먹지 아니하고, 새벽하늘에 공기와 숲이 만나 수기(粹氣)로 맺어진 이슬방울 물을 마시고 산다는 뜻도 있다.

차를 마신다는 것은 이처럼 제호(醍醐)와 감로(甘露)를 마시는 것과 같다고 보고, 다성(茶性)과 인성(人性)이 만나는 삶의 아름다움이 맛과 향기로 꽃피는 것이라고 하였다.

이른 봄 첫물차를 마시는 맛과 향기를 표현한 다시(茶詩) 외에도 가을에 마시는 다정(茶情)은 어떠한지 살펴보자.

錦繡玲瓏結晩霞　　금수영롱결만하
洞天晴旭畵中嘉　　동천청욱화중가
人間茶熟看秋色　　인간차숙간추색
木落霜淸感歲華　　목낙상청감세화

비단결같이 영롱한
늦가을 안개 이슬 맺혀
고을과 하늘이 맑게 빛나니
그림 속 아름다운 정경이라

사람은 차를 달여 마시며
가을빛 아름다운 모습 바라보고
나무에 서리 내려 밝게 빛나니
한 해를 보내는 느낌이라네

늦가을 찻자리는 가을의 아름다운 경치도 볼 수 있지만, 새해를 맞이하는 꿈이 차 향기로 피어나 맛으로 느끼게 한다.

이렇듯 봄과 가을에 갖는 찻자리의 감회는 다 함께 느끼는 무정유(無情遊)의 광경이 아니고 무엇이겠는가.

무정(無情)은 특정한 대상을 사랑하고 즐기는 것이 아니라, 차나무가 험준한 환경에서 성장하면서도 오히려 함께 더불어 성장하는 숲과 같은 것이다.

반대로 유정(有情)이란 반드시 대상이 있어야 하고, 대상이 있으면 언젠가는 유한한 끝맺음이 있기 마련이다.

따라서 찻자리에서는 무심(無心)한 마음으로 차를 마시고 즐겨야 하는 것이다.

그리고 완상(玩賞)하는 즐거움도 삶의 대가를 바라는 자아심(自我心)이 아니라, 자연의 가변적 진리 앞에 순응할 줄 알아야 진정한 무정유(無情遊)가 되는 것이다.

이것이 한재가 첫머리에서 밝히는 찻자리의 완상(玩賞)이며 그 차 향기의 맛을 표현할 수 없는 미감(味感)을 노래하였으니 이것이 무정유(無情遊)를 표현한 것이다.

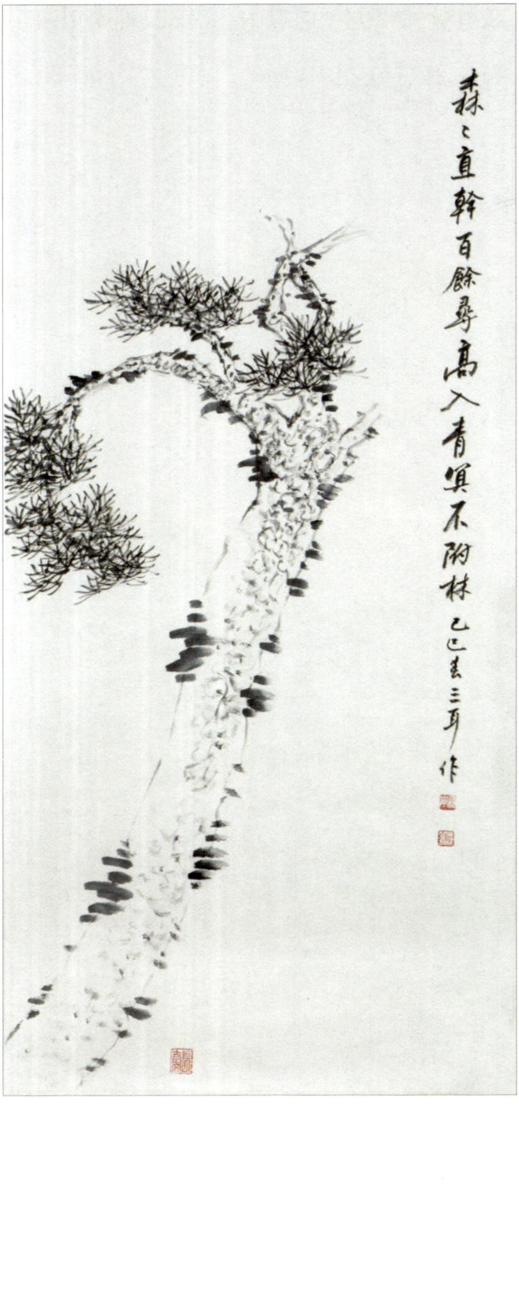

원학 스님의
〈십군자도(十君子圖)〉 중
'소나무[松]'

森森直幹百餘尋 삼삼직간백여심
高入青冥不附林 고입청명불부림

깊은 솔잎 사이로
뻗은 솔가지 백여 길인데
높고 짙푸른 솔잎은
일반 수풀에 속하지 않네

달여진 차 맛은 어떤 맛일까

搴玉甌而自濯 煎石泉而傍觀 白氣漲口
건 옥 구 이 자 탁　전 석 천 이 방 관　백 기 창 구

夏雲之生溪巒也
하 운 지 생 계 만 야

素濤鱗生 春江之壯波瀾也
소 도 인 생　춘 강 지 장 파 란 야

煎聲颼颼 霜風之嘯篁栢也
전 성 수 수　상 풍 지 소 황 백 야

香子泛泛 戰艦之飛赤壁也
향 자 범 범　전 함 지 비 적 벽 야

구슬 잔 끄집어내어 깨끗이 씻고 돌샘물 길어 와 찻물을 끓이는 탕관 곁에 앉아 조용히 바라보는데, 하얀 기운이 맴도는 증기가 탕관 주둥이로 뿜어져 나오니, 마치 구름이 계곡을 거쳐 산고개 넘어오는 듯하다.

탕관에 끓는 물은 마치 하얀 파도가 밀려와 부딪칠 때 번쩍이는 비늘이 나고, 봄 강물에 파랑이 일렁이는 듯하다.

탕관에 물 끓는 소리는 쇄아 하니 서릿바람이 대숲과 잣나무숲 가지에 부딪쳐 휘파람 부는 듯하다.

향기로운 탕관의 일렁이는 거품 방울은 마치 큰 전함이 적벽을 향해 부딪치는 듯하다.

한재는 어느 날 찻자리를 만들기 위해 벽장에 넣어 두었던 귀중한 옥잔을 꺼내 깨끗하게 씻어 펼쳐 놓았다.

그리고 돌샘에서 길어 온 물을 탕관에 넣고 물이 끓는 모습을 조용히 앉아 곁에서 지켜보고 있었다.

마치 도공(陶工)이 도자(陶磁)에 유약을 발라 가마에 넣고 불을 지핀 다음 화신(火神)에게 기도하듯, 한재도 정성을 다하는 마음으로 물이 끓기를 기다리고 있었다.

서서히 끓기 시작한 물이 하얀 증기를 탕관 주둥이로 뿜어내고 있으니, 마치 한여름 하얀 구름이 계곡을 타고 산등성이를 오르는 듯하더니 내려오는 듯하였다.

또 다시 탕관의 물을 관찰하니 반복되는 거품이 번쩍이는 생선 비늘같이 솟아오르고 따스한 봄바람이 강물에 내릴 때 파랑을 일으키는 것 같은 장관이었다.

그리고 탕관의 찻물 끓는 소리가 솨아솨아 하는 것이 마치 서릿바람이 대숲과 잣나무숲 가지에 부딪쳐 휘파람을 부는 듯하다고 하였다.

또한 맑고 향기로운 탕관의 구슬이 가득히 떠도는 모습은 전쟁터에 나간 전함이 적벽에 부딪쳐 파도를 날리는 듯하다고 표현하였다.

이와 같은 과정을 거친 탕관의 물이 맹탕에서 완숙(完熟)이 되고 순숙(純熟)이 되면 비로소 세다구(洗茶具)의 준비를 마치게 된다.

다음에 차를 넣고 사람의 따스한 온기가 느껴질 때 온 정성을 다하여 찻물을 잔에 따라 두 손으로 받쳐 들고 끽다(喫茶)하는 것이다.

여기에서 말하는 한재의 찻자리는 기호적으로 일반 토산차를 마시는 허차(喝茶)와는 다르다고 할 수 있다.

일반적으로 다인(茶人)들이 말하는 단순히 차를 마신다는 허차(喝茶)와 차를 씹고 맛을 느낀다는 끽다(喫茶)의 뜻과는 그 의미가 다르다.

여기서 끽다(喫茶)란 차를 입에 넣고 완상(玩賞)과 함께 미감(味感)하는 것을 말하며, 그럼에도 불구하고 대부분의 다인(茶人)들뿐만 아니라 산사(山寺)의 스님들도 허차(喝茶)와 끽다(喫茶)를 같은 뜻으로 생각하고 있다.

다도(茶道)라고 하는 것은 단순히 차(茶)를 일반 토산차와 같이 음료나 기호 식품으로 인식하는 것이 아니라, 반드시 찻잔 속에 깊은 인생과 삶의 철학이 담겨져 있음을 깨달아야 한다고 필자는 생각한다.

당대(唐代) 조주(趙州, 778~897) 선사(禪師)는 차(茶)를 단순한 음료로서의 가치를 뛰어넘는 수행의 수단으로 보았기 때문에, 불법(佛法)을 구하는 제자들에게 "차나 한 잔 들고 가게나[喫茶去]."라고 말하였던 것이다.

여기서 조주 선사는 단순히 차의 향기와 맛을 마시는 것이 아니라, 한 잔의 차를 통하여 스스로 맛을 알듯 깨달음도 몸소 수행을 통해서 깨달아 가야 한다는 것을 강조하고 있으며, 그것은 차가 의미 없는 갈증 해소 음료에 그치지 않는다는 뜻이다.

이러한 조주 선사의 설법은 차를 들고 생각하고 그 맛의 체험을 통해서 세상의 진리를 깨달아야 한다고 가르치고 있으며, 이는 승가의 오래된 아름다운 다도(茶道)의 전통이기도 하다.

그런데 근자에 들어 천년고찰 산사(山寺)에서 수행하는 스님들이 이러한 깨달음의 수행의 한 방법인 다도(茶道)를 잃어버리고 서양의 커피 문화에 매몰되거나 자랑하는 사례들이 늘고 있음은 참으로 부끄럽고 깊이 반성해야 할 일이다.

한재는 이처럼 다성(茶性)은 인성(人性)을 완전하게 하는 도(道)가 있음을 알았기에, 한 잔의 찻자리가 이루어지는 엄청난 과정을 지켜보면서 마치 전쟁에서 승리하고 돌아온 장수의 마음과 같이 환희의 완상(玩賞)과 미감(味感)을 느꼈던 것이다.

이는 차 한 잔을 마시는 과정의 체험을 통해서 얻어진 표현으로, 비로소 다성(茶性)이 인성(人性)을 만나 다도(茶道)의 깊은 진리에 빠져든 다선일미(茶禪一味)의 해탈 경지가 되는 것이다.

俄自笑而自酌 亂雙眸之明滅 於以能輕身者
아 자 소 이 자 작 난 쌍 모 지 명 멸 어 이 능 경 신 자

非上品耶 能掃痾者 非中品耶 能慰悶者
비 상 품 야 능 소 아 자 비 중 품 야 능 위 민 자

非次品耶
비 차 품 야

乃把一瓢露雙脚 陋白石之煮 擬金丹之熟
내 파 일 표 로 쌍 각 누 백 석 지 자 의 금 단 지 숙

잠시 조용히 앉아 반가운 찻자리에 미소 지으며 찻잔을 들어 마시고 나니, 어지럽고 침침했던 눈동자가 선명하게 밝아지고 능히 무거웠던 몸은 하늘을 날듯 가벼워지니 이것이야말로 상품(上品)의 차(茶)가 아니겠는가?

오랜 기간 아픈 병이 능히 완치되니 이것이 중품의 차(茶)가 아니겠는가.

능히 고민스런 마음에 위로가 되어 주니 이것이 차품(次品)의 차(茶)가 아니겠는가.

우물가에 물바가지 잡고 두 다리에 힘주어 물을 뜨는 것이 백석탕을 달이는 것에 누가 된다면, 차라리 금단(金丹)을 단련하는 신선을 헤아려야 할까.

한재는 찻자리에서 조용히 미소를 지었다.

왜냐하면 그는 찻자리에 앉아 차 향기에 젖어드는 순간 무한한 환희와 인생의 깊은 진리를 깨닫게 되었고, 그의 미소는 수행자의 깨달음을 표현한 무언(無言)의 염화미소(拈花微笑)였던 것이다.

초의 선사도 "혼자 차를 마시는 것이 다신(茶神)을 만나는 것"이라고 하였듯이 웃음 띤 환희로움에 찻잔을 들어본다.

그리고 차(茶)의 색향미(色香味)를 동시에 느끼고 나니 잠시 침침했던 눈동자가 번쩍하며 선명히 맑아지고, 다음은 몸이 날아갈듯 숙병도 사라지고, 비로소 번민에 집착하던 고뇌감마저 씻어 내게 되니 이것이 다성(茶性)을 만난 기쁨이 아니고 무엇이겠는가.

그런데 여기에서 주목해야 할 점은 '왜 하필이면 차를 마시는 느낌에 상품(上品)과 중품(中品), 그리고 차품(次品)을 구분한 것인가?'이다.

차에 대한 품성(品性)을 논한다는 것은 인성(人性)이 구별 짓는 것이지, 다성(茶性)은 본래 평등한 맛을 구비하고 있음을 간과해서는 안된다.

다시 말해서 품위(品位)는 수행의 단계일 뿐, 그 품질(品質)

이 중요한 것은 아니다.

수행자가 단계적으로 금해야 할 계율을 잘 지키게 되면 또 다른 단계의 수행에 도달하듯이, 다도(茶道)란 진리에 들기 위해서는 내면(內面)과 외면(外面)을 바라보는 지혜의 눈빛이 있어야 한다.

그리고 다음은 자아(自我)가 육체에 집착하는 마음이 없어야 하고, 그 다음에는 번민을 씻어 내는 단계별 찻자리가 되어야 한다는 이야기이다.

형식을 통해서 실제에 깊이 빠져드는 환희의 심오한 깨달음을 다도(茶道)를 통해서 배워야 한다는 뜻에서 상품(上品), 중품(中品), 차품(次品)을 구별 짓고 있다고 할 수 있다.

고려 시대 진각국사(眞覺國師, 1178~1234)의 다시(茶詩) 한 편을 살펴보자.

久坐成勞永夜中　　구좌성노영야중
煮茶偏感惠無窮　　자다편감혜무궁
一盃卷却昏雲盡　　일배권각혼운진
撤骨靑空萬慮空　　철골청공만려공

오랜 시간 힘들게 앉아

밤은 깊어 가는데
찻물 끓여 혼자 마시는 느낌
끝없는 은혜로운 감사로 이어지네
차 한 잔 책 한 권
끝없이 밀려오는 혼침 물리쳐
뼛속까지 스미는 맑은 공기로
온 생각 텅텅 비웠다네

어느 날 선사(禪師)는 혼자 오래도록 앉아 좌선 중에 밤이 깊었다. 찻물 끓여 혼자 마시는 느낌은 감사하는 마음이 무궁함을 깨닫게 된다.

차(茶)에는 언제나 지은보은(知恩報恩)의 감사하는 마음이 있어야 한다고 하였다. 은혜를 알고, 은혜를 보답하는 마음을 말한다.

이렇게 찻잔의 향기와 불경을 앞에 놓고 밀려오는 혼침도 물리치니 뼛속까지 스며드는 공기의 신선한 느낌에 온갖 생각들이 사라지고, 아공다공천지공(我空茶空天地空)의 청정법신(清淨法身) 경계(境界)에 이르렀음을 표현한 차시(茶詩)라고 할 수 있다. 즉 나를 비우니 다우(茶友)도 없고 천지가 공(空)하게 된다고 하였다.

이것이 아공(我空), 법공(法空), 구공(俱空)을 말한 뜻이 된다.

다시 말해서 나를 비우면 나와 더불어 함께하는 뭇 생이 공(空)하게 되는 것이며, 이것이 새로운 탄생의 환희를 채우게 되는 진리가 된다고 본 것이다.

이러한 이치로 볼 때 한재가 찻물을 길어 오기 위해 표주박에 물을 담는 것이 신선이 백석탕을 만드는 것에 누가 될 수 있고, 도교의 신선술에 양생하는 금단을 만들기 위한 수련으로 볼 수 있을까 하고 생각해 본다고 하였다.

그러나 수명을 연장하는 백석탕이나 양생하는 금단을 단련하는 것이 아니라, 지혜의 안목으로 가벼운 몸짓과 번민하는 마음을 비우는 다도(茶道)를 이야기하고 있는 것이다.

따라서 한 잔의 차 향기가 내 몸과 마음, 그리고 우주와 합일(合一)되는 다선일미(茶禪一味)의 세계를 말하고 있다.

이러한 경지에 들기 위해서는 무정유(無情遊)의 정신으로 돌아가야 한다는 것이다.

또한 조선 시대 소요태능(逍遙太能, 1562~1649) 스님의 차시(茶詩) 한 편을 감상해 보자.

妙香雲水昔同遊　　묘향운수석동유
屈指如今二十秋　　굴지여령이십추

茶罷不知山欲暮　　다파부지산욕모
一聲踈聲水西樓　　일성소성수서루

묘향산 운수(수행) 시절
옛날이 모두 즐거웠다네
손꼽아 헤아리니
벌써 이십 년이 흘렀네
찻자리 끝날 무렵
어두움이 밀려오는 줄도 몰랐네
잔잔한 풍경 소리
수서루에 땡그랑 땡그랑!

소요 스님은 어느 날 묘향산에서 수행할 때 찻자리에서 삼매(三昧)에 들어 산속 해가 저무는 줄도 몰랐다.

잠깐 다선삼매(茶禪三昧)의 경지에서 깨어나 보니 수서루 귀통이에 매달린 풍경만이 땡그랑 땡그랑 소리를 울리고 있음을 말하고 있다.

찻자리는 언제나 철저히 고독해야 한다.

고독은 나 자신을 비워 낼 수 있는 과정이기도 하다.

마치 그릇의 물건을 비워야 비로소 새로운 것을 담을 수 있듯이, 고독으로 내 마음속을 비우는 수행의 단계적 체험을 얻지 못한다면 진정한 다인(茶人)이 될 수 없는 것이다.

따라서 한재는 찻물을 끓이는 과정부터 찻잔을 들고 향기를 즐기고 감상하면서 맛을 느끼는 진정한 다인(茶人)이 되기 위해서 얼마나 세심한 관찰력과 정성을 기울이고 있는가를 알 수 있다.

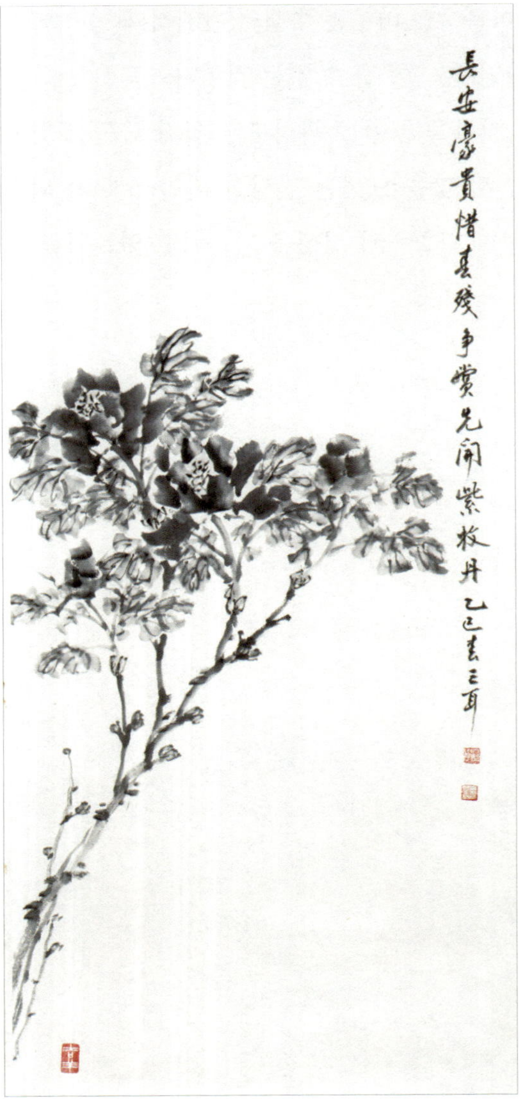

원학 스님의
〈십군자도(十君子圖)〉 중
'모란[牧丹]'

長安豪貴惜春殘 장안호귀석춘잔
爭賞先開紫牧丹 쟁상선개자목단

장안의 부귀한 호걸들
남은 봄 아쉬워하는데
붉은 목단 먼저 핀 것을
다투어 감상하네

차향(茶香)과
미감(味感)을 표현하다

啜盡一椀 枯腸沃雪
철 진 일 완 고 장 옥 설

啜盡二椀 爽魂欲仙
철 진 이 완 상 혼 욕 선

其三椀也 病骨醒頭風疾
기 삼 완 야 병 골 성 두 풍 질

心兮!
심 혜

若魯叟抗志於浮雲 鄒老養氣於浩然
약 노 수 항 지 어 부 운 추 노 양 기 어 호 연

한 잔의 차를 마시니 메마른 창자에 눈 내린 듯 촉촉하고
두 잔을 마시고 나니 상쾌한 영혼이 신선이 된 듯하네
셋째 잔을 마시고 나니 병든 몸이 깨어나고 두풍도 나았네
아아 마음이여!
노수(魯叟, 공자)는 뜻을 뜬구름과 같이 덧없음을 물리친 것이며,
추노(鄒老, 맹자)가 기운을 호연(浩然)한 데서 기른 듯하네

차 한 잔을 마시고 난 후의 느낌은 마실 때마다 다름을 표현하였다.

차가 인간의 몸과 마음에 엄청난 변화를 일으키는 모습을 자세히 설명하였다.

첫 번째 찻잔을 마시고 나니 메마른 창자에 눈이 촉촉이 내리는 시원한 느낌이 왔다.

두 번째 찻잔을 비우고 나니 영혼이 상쾌하여 신선이 된 듯한 느낌이었다.

세 번째 찻잔을 비우고 나니 병골이 깨어나고 두풍(頭風, 두통)까지 없어짐을 표현하고 있다.

이러한 마음은 공자가 언제나 뜻을 품을 때는 부운(浮雲)처럼 가볍게 생각하지 말 것을 권하였듯이 신중하고 근엄한 마음가짐으로 차를 마셔야 하며 또한 맹자가 뜻을 넓고 자유로운 데서 키워야 한다고 하였듯이 찻잔을 비울 때마다 몸은 생기가 돌고 마음은 신선같이 가벼워 날아갈 듯하며 오랫동안 무거웠던 몸을 회복시키는 느낌으로 한재는 차를 마신 느낌을 잘 표현하고 있다.

其四椀也 雄豪發 憂怒空
기 사 완 야 웅 호 발 우 노 공

氣兮!
기 혜

若登泰山而小天下 疑此俯仰之不能容
약 등 태 산 이 소 천 하 의 차 부 앙 지 불 능 용

넷째 찻잔을 비우니 영웅 같은 호걸이 되어 온갖 근심과 분노를 비워 버린 듯하네
살아 있는 기운이여!
태산에 올라 보니 천하가 작게 보이는데 하늘과 땅을 능히 보지 못할까 의심한다네

해설

다성(茶性)은 단순한 음료나 기호품이 아니다.
한 잔 한 잔 찻잔을 비울 때마다 영혼을 맑게 해 아름답고 지혜로운 마음이 샘솟게 된다.

한재는 이러한 다성(茶性)을 만나 마음의 번뇌와 몸속의 온

갖 병을 물리치는 약이 된다는 것을 말하고 있다.

한재 스스로 살아오면서 때로는 영웅 같은 마음을 발하기도 하였지만 때로는 근심과 모함으로 인한 분노를 참을 수 없을 때도 있었다. 그럴 때마다 한재의 마음을 달래 주는 것은 오직 다우(多友)밖에 없음을 표현하고 있다.

따라서 차는 몸과 마음을 치료하며, 한 잔 한 잔 속에 미감(味感)이 절정에 이르면 무심(無心)과 무욕(無欲)의 세계를 만나 영원한 자유의 해탈(解脫)을 얻게 된다는 것이다.

공자가 높디높은 태산에 올라 아래로 내려다보니 온 세상이 작게 보이는 듯 넓은 마음을 갖게 되는데 부질없이 땅과 하늘을 보고 능히 사물을 구별 짓지 못할까 의심해서 되겠는가.

진정한 다성(茶性)은 천하를 내려다보는 안목과 함께 삶의 이치를 의심하지 않는다는 것을 말하고 있다.

신라 시대 고운(孤雲, 857~?)이 남긴 시(詩) 한 편을 보자.

浮世榮華夢中夢　　부세영화몽중몽
白雲深處好安身　　백운심처호안신

뜬세상 부귀영화
꿈속 꿈인 것을

흰구름 깊은 곳
편안한 몸 의지하기 좋아라

인간의 삶에 있어 영원한 부귀영화는 없는 것이 진리다. 모든 물질이 변화하는 것은 꿈속에서 꿈을 꾸는 것과 같은 이치라는 뜻이다.

그런데 고운(孤雲) 선생은 꿈속 꿈을 버리는 것이 아니라, 꿈이 알 수 없는 구름과 같은 것임을 깨닫고 나면, 꿈에 집착하지 않는 깊은 뜬구름이 몸이 되고 마음이 되어 대자유의 삶을 살 수 있다는 것을 가르치고 있다.

한 세상 살아가면서 뜬구름 속에서 의지하는 삶을 얻을 수 있는 힘은 다성(茶性)을 만나는 것과 같다고 한다.

다성(茶性)을 가까이한 한재는 구름처럼 사라졌지만, 또 다시 구름이 되어 우리 곁을 맴돌고 있다.

따라서 구름은 찻잔 속에 응어리지는 향기라고 할 수 있으며, 그 향기는 우리 곁에서 함께 맴도는 영원한 벗이며 의지처임을 깨달아야 한다.

조선 시대 강희맹(姜希孟, 1424~1483)의 차 맛에 대한 느낌을 살펴보자.

氣益淸健 殊不知茶性
기익청건 수부지다성
蕩滌腥穢 不宜於虛 而最宜於飽者也
탕척성예 불의어허 이최의어포자야

한 잔의 차를 마시고 나니 기운이 더욱 맑고 건강해지는 듯하나 그것이 다성(茶性)의 효험인지는 알지 못하였다. 그러나 확실히 말한다면 비린내와 더러운 냄새를 깨끗이 씻어 내고 뱃속을 편안하게 하는 데에는 최적의 효험이 있다 하겠다.

강희맹은 유학의 선봉에 있었던 사람이기에 다성(茶性)에 대해 자세히 알 수도 없었지만, 크게 감동 받거나 알려고도 하지 않았다는 것을 엿볼 수 있다.

그러나 그 역시 차를 마시고 확실한 느낌을 가질 수 있었던 것은 자연의 섭리에 순응하는 도교(道教)나 해탈의 경지에 이르고자 수행하는 불교(佛教)에서는 좋은 길잡이가 될 수 있음을 표현한 것이다.

비린내와 더러움을 씻어 내는 과정이야말로 도교나 불교에서 입문(入門)의 첫걸음이 되기 때문이다.

고려 시대 나옹(懶翁, 1320~1376) 스님의 다시(茶詩) 한 편을 살펴보자.

本自天然非造作　　본자천연비조작
何勞何外別求玄　　하노하외별구현
但能一念無心事　　단능일념무심사
渴則煎茶困則眠　　탕즉전다곤즉면

본래 천연 그대로일 뿐
조작은 아니라네
어찌하여 수고롭게 밖을 향해
특별히 현지(진리)를 구하는가
다만 한결같은 생각에
집착하는 일이 없이
갈증을 느끼면 탕관에 찻잎 넣고
피곤하면 잠자는 것이라네

수행자가 힘든 과정을 겪게 되는 가운데 진정으로 의지할 수 있는 것은 탕관에 물을 끓여 따뜻한 다향(茶香)에 젖어 들 때 비로소 피곤을 풀 수 있는 잠을 편안히 자는 일이다.

다성(茶性)은 본래 천연(天然)이며, 인위적 조작으로 만들어지는 것이 아니다.

그러므로 다성(茶性)을 만나는 것은 무심(無心)의 경지에 도달하는 것이다.

한 생각에 모든 것을 비우고 차 한 잔을 상대하고 앉아 그윽한 차 향기에 조용한 마음이 안정되면 특별한 수행이 필요한 것이 아니다.

찻자리 자체가 수행처요 안식처이며, 이것이 밖을 향해 치닫는 마음을 내면으로 돌려 다성(茶性)과 내가 합일(合一)되는 진정한 안식처를 만나게 되는 것이다.

이밖에 조선 시대 조준(趙俊, 1346~1405) 같은 문신(文臣)이 차를 마시고 스스로 위안을 삼아 온 느낌을 다시(茶詩)로 남겼으니 살펴보자.

松濤起石鼎　　송도기석정
雲浮開瓊花　　운부개경화
一甌羽翼生　　일구우익생
二甌淸風多　　이구청풍다

솔바람 파도 소리 돌솥에 일어나고

떠도는 운유는 예쁜 꽃을 피우네
한 잔에 두 날개 날듯 가볍고
두 잔에 온몸에 맑은 바람 일어나네

조준(趙儁)도 삼매(三昧)의 경지에서 미감(味感)을 느낀 것이다. 탕관에 물이 끓는 소리가 솔바람과 파도치는 듯할 때면 비로소 눈송이 같은 하얀 방울이 마치 예쁜 꽃이 피듯 하다고 하였다.

이렇게 깊은 정성으로 달여진 찻자리에서의 첫 번째 한 잔은 두 날개를 펴고 하늘을 나는 듯한 가벼움을 느낀다.

두 번째 잔을 비우고 났을 때는 온몸에서 시원한 바람이 일어남을 느꼈다는 것이다.

이러한 경지에서 다성(茶性)을 몸속으로 넘기는 것은 청정본연(淸淨本然)의 자리로 돌아간 느낌이 되므로, 이것은 무심무욕(無心無欲)의 경계에서 다성(茶性)과 인성(人性)이 천성(天性)으로 옮겨 간 느낌이라 하겠다.

其五椀也 色魔驚遁 餐尸盲聾
기 오 완 야 색 마 경 둔 찬 시 맹 농

身兮!
신 혜

若雲裳而羽衣 鞭白鸞於蟾宮
약 운 상 이 우 의 편 백 란 어 섬 궁

다섯 번째 찻잔을 비우니 색마가 놀라 도망가고, 찬시가 눈이 멀고 귀가 먹은 듯하네.
아아 몸이여!
구름 옷 입은 듯
날개 되어 나는 듯하고
하얀 난새를 타고
섬궁(달)으로 채찍질하여 달려가네

해설

찻잔을 다섯 번 비우고 나니 인간의 내면 속에서 쉽게 사라지지 않는 이성적 욕정인 마구니가 놀라 멀리 도망간다는 것이다.

또한 평생을 두고 버릴 수 없는 식탐(食貪)의 귀신인 찬시(餐尸)도 눈이 멀어지고 귀머거리가 된다고 하고 있다.

한재는 다성(茶性)을 만나면서 비로소 인간이 제어할 수 없는 욕정(欲情)을 멀리 달아나게 할 뿐만 아니라, 일생동안 자제하기 힘든 식탐(食貪)이 눈멀고 귀먹어져 자연적으로 멀어지는 것이 체험을 통해 얻어진 교훈임을 말하고 있다.

이렇게 색욕(色欲)과 식욕(食欲)을 멀리하게 되니, 마치 가벼운 구름 옷을 입고 구애됨이 없는 대자유인이 되는 것과 같다.

또한 정신은 어느덧 난새(길조)가 되어 달빛 속의 깊은 세계를 달려간다는 것이다.

이것이 한재가 다성(茶性)을 만나 체험을 통해서 얻어진 깨달음이다.

인간이 한평생 살아가면서 끊을 수 없는 것이 아름다운 물질에 빠져들게 되고, 좋은 음식을 보고 탐심을 끊을 수 없는 것이다.

그러나 이러한 물질에 대한 탐욕과 향기로운 음식에서 마음을 멀리하기란 참으로 어려운 것이다.

한재는 다성(茶性)을 만나 그 깊은 향기에 빠져들면 어디에도 구속되지 않는 대자유인이 되어 깊은 달빛 속의 전설 같은 아름다운 삶을 영위할 수 있음을 강조하고 있다.

其六椀也 方寸日月 萬類籧篨
기 육 완 야 방 촌 일 월 만 유 거 저

神兮!
신 혜

若驅巢許而僕夷齊 揖上帝於玄虛
약 구 소 허 이 복 이 제 읍 상 제 어 현 허

찻잔을 여섯 번 비우고 나니 해와 달이 가슴에 떠오르고 나타난 만물은 쓸모없는 거적때기에 지나지 않네
아아 정신이여!
소보와 허유를 타고 달리며 백이와 숙제를 종으로 부려 높고 깊은 하늘에 계신 상제에게 읍을 한다네

해설

한 잔을 마실 때마다 다른 느낌이 오는 것을 체험하여 말한다. 여섯 번째의 차향(茶香)이 온몸에 퍼지니 비로소 가슴에 해와 달이 떠오른다고 하였다.

인간이 일생 동안 자유의 해탈경계에 살아간다는 것은 가

슴에 일월(日月)을 품고 살아가는 사람으로서, 모든 만물은 일상에 사용하는 거적때기에 지나지 않게 됨을 말하고 있다.

이것이 다도(茶道)의 경지에 들었다고 할 수 있는 것이다.

한재는 비로소 마음이 만물 속에 주체자로서 흔들림 없이 존재함을 느끼고 있음을 표현하고 있다.

이렇게 가슴속에 뭇 생명을 키울 수 있는 에너지가 있는 사람에게는 권력이 지배하는 힘이 부질없는 모습으로 다가올 뿐이다.

옛날 요(堯) 임금 시대 시끄러운 세상을 등지고 인간 세상에 물들지 않기 위해 나무 위에 집을 짓고 살았다는 소부(巢父)라는 사람이 있었다.

또 백이(伯夷)와 숙제(叔齊) 형제처럼 수양산(首陽山)에 들어가 고사리를 꺾어 먹으며 평생 세상을 등지고 살아간 사람들이 부러움의 대상이 아니라, 이들을 부리는 영원한 일월(日月)의 빛이 되어 깊고 높은 하늘의 상제(上帝)에게 읍(揖)을 한다고 하였다.

이것은 인간 세상에서 대자유를 얻어 신선 세계에 노닐면서 차향(茶香)이 무한한 기쁨을 주는 것을 깨닫게 됨을 말하고 있다.

何七椀未半 鬱淸風之生襟
하 칠 완 미 반 울 청 풍 지 생 금

望閶闔兮!
망 창 합 혜

孔邇隔蓬萊之蕭森
공 이 격 봉 래 지 소 삼

어찌하여 찻잔의 향기를 일곱 번 비울 때는 반 잔도 비우지 않았는데 촘촘히 맑은 바람이 옷깃에 일어나는 것일까
아아! 높은 하늘 문을 바라보나니
넓게 뚫린 봉래산의 소삼한 느낌이 가까이 있다네

해설

비로소 차향이 일곱 번째 잔에서는 찻잔을 다 비우기도 전에 촘촘히 불어오는 맑은 바람이 옷깃에 스며들고 있음을 깨닫게 되니 비로소 다신불이(茶神不二)의 경계에 들었음을 표현하고 있다.

인간 세상을 내려다보는 하늘의 상제(上帝)가 한재의 마음속에서는 바라보는 창공의 막힘없는 세계로 보일 뿐이다.

결코 하늘 세계의 신선이 되어 생을 마치는 것이 아니라 오히려 만물에 우거진 봉래산의 깊은 숲처럼 몸도 마음도 잠겨 있음을 말하고 있다.

깨달음에 도달하니 현상이 극락이라는 말처럼 한재는 마지막 찻자리에서 찻잔을 다 비운 것이 아니라, 반 잔에서 우주의 진리가 자신의 마음속에 있고 모든 사람이 가 보고 싶은 봉래산도 자신의 눈빛 아래 머물고 있음을 깨닫게 된다.

여기서 매월당(梅月堂) 김시습(金時習)의 다시(茶詩) 한 편을 살펴보자.

自我來普賢	자아래보현
心閑境亦便	심한경역편
石鼎不新茗	석정불신명
金爐生碧煙	금로생벽연
以我方外人	이아방외인
徒遊方外禪	도유방외선

내가 찾아온 보현절에
마음 한가롭고 환경도 좋다네
돌솥에 햇차 달이니

금빛 화로에 차 연기 푸르고
나는 세상 밖의 사람 되어
세상 밖 선의 경계에 노닌다네

매월당의 찻자리가 한재의 찻자리와 무엇이 다른가. 한 사람은 가슴에 일월(日月)을 품고, 한 사람은 방외(方外)에서 해탈(解脫)의 선(禪)에 머물고 있으니 모두가 속박에서 벗어난 자유인임을 알 수 있다.

다성(茶性)은 이처럼 향기로 몸과 마음을 맑게 하는 힘이 있으니 이것이 다선삼매(茶禪三昧)가 아니고 무엇이겠는가.

비록 육체적 한계를 뛰어넘어 마음은 일월이 되어 밤과 낮을 주재하고, 인간 세상의 집착과 욕심에 물들지 않는 방외(方外) 세상에서 선(禪)을 체험하는 과정에 있다 하더라도, 선다일여(禪茶一如)의 참마음을 차 향기로 넘쳐흐르게 하는 환희의 세계에 살고 있음을 깨달아야 비로소 한재의 찻자리가 허황되지 않음을 알게 될 것이다.

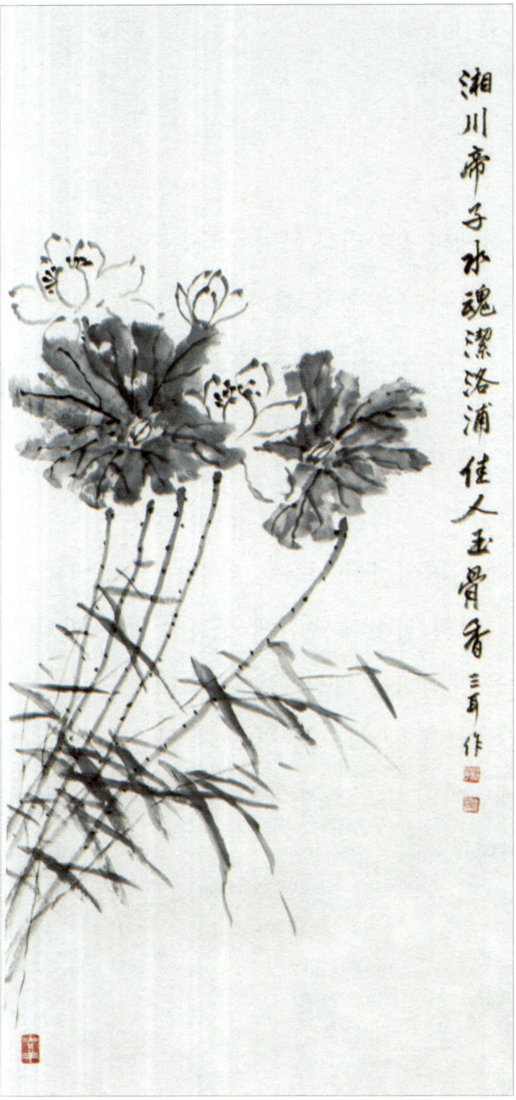

원학 스님의
〈십군자도(十君子圖)〉 중
'연꽃[蓮花]'

湘川帝子氷魂潔 상천제자빙혼결
洛浦佳人玉骨香 낙포가인옥골향

소상강 강천에 살아가는
높은 선비의 마음은 영혼이 맑아 얼음 같고
바닷가 포구에 아름다운 사람들은
옥 같은 모습 향기롭다네

다성(茶性)에 다섯 가지 다덕(茶德)이 있다

若斯之味 極長且妙 而論功之不可闕也
약 사 지 미 극 장 차 묘 이 론 공 지 불 가 궐 야

當其凉生玉堂 夜闌書榻 欲破萬卷 頂刻不輟
당 기 량 생 옥 당 야 란 서 탑 욕 파 만 권 정 각 불 철

董生脣腐 韓子齒豁 靡爾也 誰解其渴
동 생 순 부 한 자 치 활 미 이 야 수 해 기 갈

其功一也
기 공 일 야

이와 같은 차 맛이 지극히 오래가고 또한 신묘하니 다성(茶性)의 공덕(功德)을 가히 빠뜨릴 수 없다.
밤이 되어 서늘한 기운이 옥당에 일어날 때 밤이 다하도록 서탑에 기대어 만 권의 책을 독파하면서 잠시도 그치지 않아, 동생(董生)처럼 입술이 부르트고 한자(韓子)처럼 이빨이 빠질 정도로 힘들 때 다성(茶性)을 만나지 않았다면 누가 갈증을 풀어 주었겠는가. 이러한 차의 공덕(功德)이 첫 번째라고 하리라.

앞서 일곱 잔의 차 향기에 각각의 느낌을 표현하였다면, 이제 다성(茶性)을 만나 실제 체험으로 얻어진 다섯 가지의 공덕(功德)에 대해 설명하고 있다.

차 향기가 입속에 남아 몸과 정신을 가볍게 하고 또한 신비롭다는 체험을 말하면서, 당대(唐代) 동생(董生)이라는 사람이 평생토록 벼슬길에 나아가지 않고 입술이 부르트도록 책을 읽은 고사(故事)를 인용하고 있다.

또한 한자(韓子, 한퇴지)가 이빨이 빠지도록 글을 읽었다는 고사(故事)도 인용하면서 한재 자신의 심정을 토로하고 있다.

어느 날 옥당(玉堂, 홍문관의 별칭)에 앉아 당대(唐代)의 두 사람처럼 입술이 부르트고 이빨이 빠지도록 책상을 마주하고 만 권의 책을 독파할 때 다성(茶性)을 만나지 않았다면 누가 자신의 어렵고 힘든 갈등을 풀어 줄 수 있었겠는가라고 하였다.

이것이 다공(茶功)의 첫 번째임을 밝히고 있다.

이처럼 당대(唐代) 평생토록 뜻을 학문에 두고 몸이 상하도록 글을 읽었던 선인(先人)들에 비하면 한재는 다향(茶香)으로 어려운 옥당(玉堂)의 생활을 극복할 수 있었음을 밝히고 있다.

인간이 살아가면서 누구나 어려운 환경에 처할 수 있는데,

한재는 불의와 타협할 수 없는 성격으로 인해 주변 유생들에게 질타를 받았을 뿐만 아니라, 심지어 성종비의 무속 행위에 대해 동료들을 데리고 들어가 무속이 진행하는 제단을 때려 부수고 쫓아낸 일화로 잠시 귀양살이를 한 적도 있었다.

당시에 비판받았던 한재의 분노심을 달랠 수 있었던 것은 동료나 선배들 덕분이 아니며, 다향(茶香)이 있었기 때문에 무사히 극복할 수 있었음을 말하고 있다.

이처럼 다성(茶性)은 한재에게 있어 스승이요, 신의를 저버리지 않는 친구이자 애인일 수밖에 없었다고 기술하고 있다.

次則讀賦漢宮 上書梁獄 枯槁其形 憔悴其色

차 즉 독 부 한 궁 상 서 양 옥 고 고 기 형 초 췌 기 색

腸一日而九回 若火燎乎腷臆 靡爾也

장 일 일 이 구 회 약 화 요 호 픽 억 미 이 야

誰敍其鬱 其功二也

수 서 기 울 기 공 이 야

다음은 한궁(漢宮)에서 부(賦)를 읽고, 양옥(梁獄)에서 글을 올리니 모양은 깡마르며 모습이 초췌하였다. 뱃속은 하루에도 아홉 번씩이나 뒤틀렸으며 답답한 가슴은 불꽃 튀어 올랐다.
이러한 때에 다향(茶香)이 아니었다면 누가 울분을 달래 주었겠는가. 이것이 두 번째 공덕(功德)이라 할 수 있다.

해설

두 번째 다성(茶性)의 공덕(功德)에 대해 자세히 설명하고 있다. 한대(漢代) 사마상여(司馬相如)나 양웅(揚雄)과 같이 부(賦)를 잘 짓고 학문 연구에 충실했던 학자들이 있고, 한대(漢代) 추양(鄒陽)은 충신이었지만 반대파의 무고(誣告)로 인해 억울하게 죽게

되었을 때 효왕(孝王)에게 억울함을 밝히는 자명상소(自明上疏)를 올렸다는 고사(故事)를 인용해 한재 자신의 처지를 표현하고 있다.

이들처럼 한재도 성종(成宗) 21년(1407)에 영의정 윤필상(尹弼商)의 무고(誣告)를 받아 공주(公州)로 유배를 간 경험이 있었다.

이때 그의 나이 불과 20여 세에 지나지 않는 홍문관 유생이었다.

하지만 불의를 보고 참지 못하는 성격 때문에 왕후가 임금의 건강을 기원하며 궁 안에서 벌인 굿판에 동료들을 데리고 쳐들어가 제단을 부수어 버린 행동으로 짧은 기간의 귀양살이를 일찍이 체험하게 된다.

억울한 귀양살이를 했던 한대(漢代) 두 선비를 거론하며, 자신도 그들처럼 무고한 귀양살이를 할 때에 가장 힘들었던 것은 날로 메마르고 초췌해 갔던 형상과 분노에 뒤틀린 가슴으로, 그 옛날 굴원(屈原)과 같은 심정임을 밝히고 있다.

굴원(屈原)의 「어부사(漁夫辭)」 내용 중에 깡마르도록 초췌한 모습을 표현한 일부분을 옮겨 보자.

「어부사(漁夫辭)」는 중국 초(楚)나라 때 굴원(屈原, BC343?~278?)이 정치를 그만두고 창강(滄江)에서 한 어부를 만나 나눈 대화를 기록한 글이다.

屈原旣放 遊於江潭 行吟澤畔 顏色憔悴形容枯槁
굴원기방 유어강담 행음택반 안색초췌형용고고
漁夫見而問之曰 子非三閭大夫与何故至於斯
어부견이문지왈 자비삼려대부여하고지어사
屈原曰 擧世皆濁 我獨淸 衆人皆醉 我獨醒 是以見放
굴원왈 거세개탁 아독청 중인개취 아독성 시이견방

굴원(屈原)은 이미 조정에서 추방되어 강담(江潭)을 거닐면서 입으로는 시(詩)를 읊조리고 있고, 그 안색은 초췌하여 형용은 깡마른 모습이었다.
마침 강물에 그물을 쳐서 고기를 낚는 어부를 만났다.
어부가 굴원을 보고 묻기를 "당신은 삼려대부의 벼슬을 했던 사람으로서 어찌하여 이렇게 한가하게 강가에서 시(詩)를 읊고 있습니까?"라고 하였다.
굴원이 말하길 "온 세상이 혼탁한 물이 되었으나 나는 홀로 깨끗하게 살고 싶고, 온 세상이 물욕과 권력욕에 취했으나 나 홀로 깨어 있는 마음을 가지려고 하다 보니 이렇게 추방되는 모습을 보게 되었소."라고 하였다.

한재는 굴원(屈原)처럼 절대로 불의와 타협할 수 없는 곧은 절개를 갖고 있었다.

굴원은 어부(漁夫)의 말을 듣지 않고 창랑(滄浪)의 푸른 물에 빠져 물고기 밥이 될지언정 현실의 부패한 정치와는 타협할 수 없었다고 한다.

이처럼 청렴한 선비와 타락한 관리 사이를 빗대고 있는 현실은 오늘날까지도 정확한 답이 없이 반복되고 있다.

인간이 가지고 있는 심성(心性)에는 반드시 끝없는 욕심이 들어 있는 관계로 언제나 잘못된 경험이 선망의 대상이 되고, 그로 인해 인간의 사악한 권모술수가 스스로를 지배하는 것이 대부분의 현실이다.

그래서 연꽃과 같은 지혜가 필요한 것이다.

어부의 말처럼 창랑(滄浪)의 물이 맑으면 갓끈을 씻고, 창랑의 물이 흐릴 때는 발을 씻으면 되는 것 아닌가?

하지만 한재는 그러한 삶의 여유와 깊이 있는 인생 체험이 없었기에 세상과 타협하지 않고, 끝내 28세의 젊은 나이에 참수형(斬首刑)을 당해 역사의 뒤안길로 사라지게 된다.

인간의 삶에서 60세 환갑(還甲)을 기준으로 볼 때, 한재는 인생의 절반도 살지 못하고 억울하게 죽었다.

하지만 그가 남긴 「다부(茶賦)」를 보면 다성(茶性)의 끝자락에서 영원한 삶을 노래한 깨어 있는 선비였음을 부인할 수 없다.

이처럼 어려운 처지에서도 아홉 번씩이나 뒤틀린 창자를 위로해 주고, 가슴속 불이 타오를 듯한 분노도 다성(茶性)을 만나 다향(茶香)으로 극복할 수 있었음을 토로하면서, 그것이 다성(茶性)의 두 번째 공덕(功德)이라고 말하고 있다.

次則一札天頒 萬國同心 星使傳命 列侯承臨
차 즉 일 찰 천 반 만 국 동 심 성 사 전 명 열 후 승 림

揖讓之禮旣陳 寒暄之慰將訖
즙 양 지 례 기 진 한 훤 지 위 장 흘

靡爾也賓主之情誰協 其功三也
미 이 야 빈 주 지 정 수 협 기 공 삼 야

다음은 천황이 내리는 한 통의 칙령으로 온 나라가 마음을 함께 하고, 성사(星使, 칙사)가 천황의 명을 전달하면 배열한 제후들이 받들어 임하여 공손히 읍하고 예로써 모두 도열하고, 떠들썩하게 서로의 안부를 위로해 주는 조례가 마쳤을 때 다성(茶性)이 아니었다면 손님과 주인의 정을 누가 나눌 수 있었겠는가.
이로써 다성(茶性)의 세 번째가 되는 것이다.

해설

임금과 신하가 서로의 신뢰를 갖는 데 있어 다성(茶性)을 매개로 할 때 원만한 믿음과 올바른 신뢰가 쌓일 수 있음을 증명하고 있다.

중국은 넓은 영토로 인하여 천황이 전체를 직접 통치하기 힘들어 중요한 지역에 임금이나 제후를 배치시키고, 그들로 하여금 해당 지역을 관리하도록 하였다.

따라서 천황이 칙령을 내리면 온 나라의 백성들이 한마음이 되고, 칙사가 천황의 명령을 전달하면 그 지역을 담당하고 있는 제후들이 모여들어 충성심으로 읍하여 공손한 예를 올리면서, 오랜만에 만난 관리들끼리 인사를 나누고 서로의 안부를 묻게 되었다.

이렇게 신하들이 떠들썩하게 이야기를 주고받을 때에는 반드시 다과(茶菓)가 놓이게 된다.

특히 다성(茶性)을 갖고 향기를 맛보고 평가하는 사이에 신하들과 천황간의 돈독한 신뢰가 쌓여 가는 것이다.

따라서 다공덕(茶功德)의 의미 중에서 빼놓을 수 없는 것은 임금과 신하 사이에 신뢰를 갖도록 하는 중재자의 역할이 다과(茶菓)라는 점을 강조하고 있다.

중국 봉건 시대나 한재의 조선 시대에도 마찬가지로 임금과 신하의 관계에 놓여지는 귀중한 다과(茶菓)의 자리는 변함없이 이어져 왔음을 말하고 있다.

次則 天台幽人 青城羽客 石角噓氣
차즉 천태유인 청성우객 석각허기

松根鍊精 囊中之法欲試 腹內之雷乍鳴
송근련정 낭중지법욕시 복내지뇌사명

靡爾也 三彭之蠱誰征 其功四也
미이야 삼팽지고수정 기공사야

다음은 천태유인(天台幽人)이나 청성우객(青城羽客)이 뾰족한 돌부리에 앉아 기를 마시고 소나무 뿌리에 엉킨 복령을 캐내어 연정(鍊精, 법제)하여 주머니에 담는 법을 완성해 신선이 되고자 복용하게 된다.
이때 복용한 약재의 독성으로 뱃속에 우레가 치듯 울릴 때 다성(茶性)이 아니었다면 팽거(彭倨)와 팽질(彭質), 그리고 팽교(彭矯)를 누가 어떻게 징벌할 수 있었겠는가.
이것이 차공덕(茶功德)의 네 번째가 된다고 하였다.

해설

다향은 인성(人性)을 뛰어넘어 상하(上下) 관계나 부자(父子) 관계, 친우(親友) 관계 속에서도 분명한 빈주(賓主)의 정(情)을 일깨워 주는 것임을 알 수 있고, 이것이 다공덕(茶功德)의 네 번째가 된다고 말하는 것이다.

인간의 역사 이래 수명을 연장하기 위한 방법이 끊임없이 추구되고 연구되어 발전되어 왔다.

특히 도가(道家)에서는 늙지 않고 오랜 수명을 누리고 신선이 되고자 높은 산정(山頂)에 올라 하늘이 내린 맑은 기운을 흡입하여 몸과 마음을 깨끗이 정화하여 왔다.

심지어 신령한 소나무 뿌리에 자연 발생한 약재를 캐내어 그것을 잘 법제하고 주머니에 넣어 일정 기간의 숙성 과정을 거쳐 시험 삼아 복용하게 되었다.

이러한 약재 복용으로 수명을 오래 연장하여 심지어 신선이 되는 경지에 이르게 되었으니, 사람들은 그를 일컬어 천태유인(天台幽人)과 청성우객(青城羽客)이라 하였다.

천태유인(天台幽人)은 한나라 때 유신원(劉晨阮)이란 사람이 오늘날 절강성 지역에 있는 천태산(天台山)에 들어가 약을 캐다가 두 여인을 만나 반년을 살다 집으로 돌아왔으나, 집은 흔적이 없고 옛터만 남았다는 고사(故事)에서 유래한 말이다.

또 청성우객(青城羽客)이란 사천성(泗川省) 민산(岷山)에서 불로약(不老藥)을 찾아다닌 사람들에 대한 고사(故事)에서 나온

말이다.

사천성 민산 봉우리 중에서 가장 높은 곳을 찾아 호흡을 조절하고 솔뿌리에 엉킨 약재를 캐내어 법제하여 주머니에 넣어두었다가 먹으면 신선과 같이 영원한 생명을 유지한다는 고사(故事)이다.

한재도 이러한 도교적(道教的) 수행을 경험한 적이 있었으나, 결국은 몸과 마음이 안정되고 깨끗한 마음을 갖게 해 주는 것은 신비한 도술이 아니라 다향(茶香)임을 강조하고 있다.

예로부터 소나무 뿌리에 썩지 않고 엉켜 자라는 일종의 버섯 종균 같은 것이 있는데, 이것을 일컬어 복령(茯苓)이라고 한다.

이러한 복령(茯苓)을 잘 법제(法製)하여 여러 가지 약재에 쓰면 건강을 유지할 수 있다는 뜻에서 낭중지법(囊中之法)이란 말이 나왔다.

혜강(嵇康, 223~262)이 지은 「성무애락론(聲無哀樂論)」에 다음과 같은 구절이 있다.

肌液肉汗 蹴窄便出 無主於哀樂 猶箎酒之囊漉
기액육한 축착편출 무주어애락 유사주지낭록
雖窄具不同而酒味不變也
수착구부동이주미불변야

피부에서 땀방울이 흐르듯이 압축해 누르면 문득 주머니 속에 수축으로 인한 액체가 나온다.
이처럼 인간의 슬픔과 기쁨도 일정한 것은 아니지만, 술을 짜내는 주머니에 따라서는 양(量)이 다르게 나온다.
따라서 압착하는 기구가 같지 않더라도 술이 가지고 있는 취기의 맛은 변하지 않는다.

여기에서 유래된 낭록(囊漉)이 도가(道家)에서는 인간의 생명을 신선처럼 오래도록 유지하는 수단으로써 사용한 것을 낭중술(囊中術)이라고 하였던 것이다.

한재는 이러한 도가적 비법(秘法)인 낭중술도 인간이 기본적으로 갖고 있는 세 가지 욕심을 완전히 극복하기 어렵다고 보았으며, 오로지 다성(茶性)의 향기로 이겨 낼 수 있다고 말하고 있다.

여기서 인간에게는 주변 환경에 놓여진 세 가지 좀벌레가 우글거리고 있다고 본다.

첫째, 재물(財物)에 대한 욕심을 팽거(彭倨)라고 한다.

아무리 재물이 많다고 하여도 그로 인한 인간의 마음은 썩어 부풀어 오르는 물체와 같이 반드시 터져버리고 만다는 뜻에서 팽(彭)이라 하였는데, 이처럼 인간의 마음에 부풀어 오르는 물욕을 제어할 수 있는 것은 오로지 다성(茶性)을 가까이할 때만이 가능하다.

인간의 뇌를 갉아먹는 좀벌레가 재물(財物)에 대한 욕심임을 경계하고 있다.

둘째, 팽질(彭質)은 인간의 식탐(食貪)을 말하는데, 태어나서 죽을 때까지 먹어야 하는 음식(飮食)에 대한 욕심이다.

음식을 먹을 때마다 느끼는 맛이 인간의 뇌에 축적되며, 그것이 좀벌레처럼 평생 동안 자제하기 힘들게 만든다.

좀벌레가 서서히 물체를 갉아먹듯이 인간의 마음속에 자리잡은 식탐(食貪)은 평생 끊기 힘든 일이다.

이러한 미각(味覺)의 욕심을 끊을 수 있는 방법은 오로지 다성(茶性)을 가까이하면서 차 향기를 통해 치료할 수 있다고 보는 것이다.

셋째, 팽교(彭矯)라는 좀벌레는 인간이 늙고 젊음을 떠나 일생 동안 남녀(男女) 관계 속에 아름다움을 추구하는 것을 끊을 수 없는 것을 말한다.

또한 팽교(彭矯)란 자기 분수를 지키지 못한 아름다움의 추구로서, 그것이 부풀어 썩어지면 몸과 마음을 해치게 된다는 것을 경계하고 있다.

불교에서는 여기에 명예욕(名譽慾)과 수면욕(睡眠慾)을 더해

'오욕락(五慾樂)'이라고 한다.

이처럼 쾌락을 추구하는 인간의 욕심은 끝이 없고, 그로 인해 몸과 마음이 부패되어 간다는 사실은 누구나 체험하고 깊이 인식하고 있으나 오랜 인습으로 인하여 제어하기에는 너무나 어려운 것이 사실이다.

따라서 이러한 것들을 돈독한 신앙심에 의지해 극복할 수 있는 지혜가 있지만 한재는 오로지 다성(茶性)을 함께하면서 차향기로 치료해야 한다고 강조한다.

그래서 세 가지 썩어 부풀어 가는 좀벌레를 경계해야 한다는 뜻에서 '삼팽지고(三彭之蠱)'라는 말을 사용한 것이다.

인간이 평생토록 거부할 수 없는 재물(財物)과 이성관계(異姓關係)와 먹지 않고 살 수 없는 음식(飮食)에 대해 분수에 맞는 양을 조절하기란 참으로 어렵다는 것은 역사의 진리라고 할 수 있다.

한재가 차향(茶香) 속에서 이러한 욕심(欲心)을 제어할 수 있다는 자신감을 가지고 말하였으니 참으로 놀라운 일이 아닐 수 없으며 우리 다인(茶人)들에게는 금쪽같은 좌우명(座右銘)이 될 수 있다고 필자는 감히 주장한다.

이것은 다성(茶性)을 통해 증명할 수 있기에 차공덕(茶功德)의 네 번째가 된다고 하였다.

次則 金谷罷宴 兎園回轍 宿醉未醒
차 즉 금 곡 파 연 토 원 회 철 숙 취 미 성

肝肺若裂 靡爾也 五夜之醒誰輟 其功五也
간 폐 약 열 미 이 야 오 야 지 정 수 철 기 공 오 야

다음은 금곡의 동산에서 연회를 마치고, 토원의 별장에서 잔치를 마친 후 집으로 돌아올 때 숙취로 인해 깨어나지 못할 때이다.
마치 간과 폐가 찢어질 듯 아픈 고통을 느낄 때 다성(茶性)의 차 향기가 아니었다면 깊은 새벽녘에 술에 취한 지친 몸을 깨울 수 있었겠는가.
이것이 다성(茶性) 공덕(功德)의 다섯 번째가 된다.

해설

금곡(金谷)은 서진(西晉) 시대 석숭(石崇, 249~300)이란 사람이 만든 별장이다.
여기에는 아름다운 나무들과 작은 연못, 정자(亭子)가 있어 가까운 친구들을 불러 모아 연회를 베풀고 술을 마시던 곳을 말한다.
토원(兎園)은 양(梁)나라 효왕(孝王)이 노닐던 정원인데, 그

넓이가 삼백여 리(里)나 된다고 하였으니, 얼마나 화려한 정원이었는가는 짐작하고도 남는다.

한재는 이처럼 화려한 금곡(金谷)이나 토원(兎園)에서처럼 술이 취하도록 마시고 집으로 돌아올 때 몸과 마음은 지치고 간장과 폐장은 찢어질 듯 아픈데, 다성(茶性)의 차 향기를 만나지 못했다면 오야(五夜)의 깊은 새벽 밤에 취한 술기운을 깨울 수 있었겠는가 반문하고 있다.

오야(五夜)는 오경(五更)인데, 새벽 3시(寅時)부터 5시(卯時)까지를 말한다.

예로부터 주연(酒宴)에 취하면 어떤 사람은 즐겁고, 어떤 사람은 슬픔의 고통을 토로하기도 한다.

그러나 그러한 술자리는 끝내 취기로 인하여 인간의 이성을 잃게 만들고, 몸과 마음을 멍들게 하는 원인이 되기도 한다.

술이 인간에게 즐거움의 대상이 되기도 하지만, 과음하게 되면 반드시 몸과 마음을 상하게 한다는 것을 유념해야 한다.

따라서 다성(茶性)의 차 향기로 숙취를 깨우고 아픈 뱃속을 치료하고 극복할 수 있음을 강조하고 있으니, 이것이 차공덕(茶功德)의 다섯 번째라고 한다.

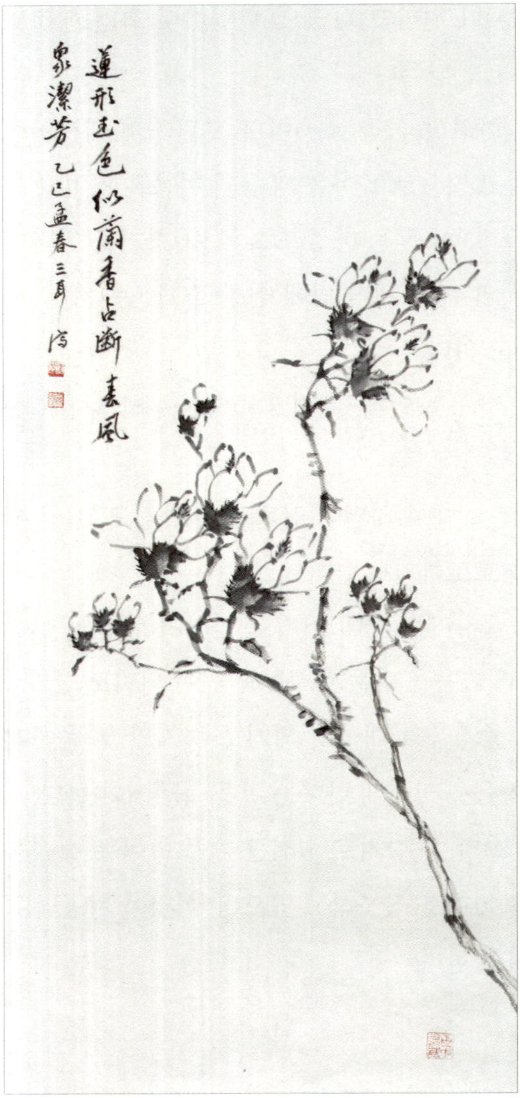

원학 스님의
〈십군자도(十君子圖)〉 중
'목련(木蓮)'

蓮形玉色似蘭香 연형옥색사난향
占斷春風象潔芳 점단춘풍상결방

연꽃 같은 모습 옥빛 색이여
난향과 같고
봄바람인 듯 스며드는 향기를
느끼게 하네

다성(茶性)의 본성에는 여섯 가지 덕(德)이 있다

吾然後知 茶之又有六德也
오 연 후 지 다 지 우 유 육 덕 야

使人壽修 有帝堯大舜之德焉 使人病已
사 인 수 수 유 제 요 대 순 지 덕 언 사 인 병 기

有兪附扁鵲之德焉 使人氣淸
유 유 부 편 작 지 덕 언 사 인 기 청

有伯夷楊震之德焉 使人心逸
유 백 이 양 진 지 덕 언 사 인 심 일

有二老四皓之德焉 使人仙
유 이 노 사 호 지 덕 언 사 인 선

有黃帝老子之德焉 使人禮 有姬公仲尼之德焉
유 황 제 노 자 지 덕 언 사 인 예 유 희 공 중 니 지 덕 언

나는 훗날 다성(茶性)에는 여섯 가지 다덕(茶德)이 있음을 알게 되었다.

첫째, 다성(茶性)을 만나 차 향기를 오래도록 맛보게 되면 사람으로 하여금 수명을 연장시키는 다덕(茶德)이 있으니, 제요(帝堯)와 대순(大舜)같이 오래 살게 된다.

둘째, 병든 사람에게 병을 낫게 하는 다덕(茶德)이 있으니, 유부(兪附)와 편작(扁鵲)과 같은 치료술이 있게 되는 것이다.

셋째, 다성(茶性)은 사람의 기운을 맑게 하는 다덕(茶德)이 있어

백이(伯夷)와 양진(楊震)과 같이 될 수 있다.
넷째, 다성(茶性)에는 사람의 마음을 편안하게 하는 다덕(茶德)이 있으니, 이노(二老)와 사호(四皓) 같은 마음이 될 수 있다.
다섯째, 사람에게 신선으로 살아가게 하는 다덕(茶德)이 있으니, 황제(黃帝)와 노자(老子) 같은 삶을 살게 된다.
여섯째, 예절을 갖추는 다덕(茶德)이 있으니, 희공(姬公)과 중니(仲尼)의 예절을 지키게 된다.

해설

앞장에서는 차(茶)를 통해서 어려운 고뇌와 어지러운 세상의 환경을 극복하는 이야기를 살펴보았다.

이번 장에서 한재는 옛사람들이 추구했던 꿈과 실제적인 귀감으로 살아간 모습들을 여섯 가지 다덕(茶德)으로 구현될 수 있음을 밝히고 있다.

다성(茶性)에 젖어 차 향기를 오래도록 완상(玩賞)하고 그 미감(味感)을 갖게 되면 반드시 사람으로 하여금 수명을 연장시키게 하는 다덕(茶德)을 얻게 되는 것이다.

고대(古代) 중국(中國)의 전설 속에 나오는 임금 중에 제요(帝堯)와 대순(大舜)은 하늘과 땅처럼 온 백성을 길러 주는 정치를 하였듯이, 차를 오래도록 마시다 보면 자신도 모르게 다덕(茶德)이 쌓여 어질고 착한 마음을 지니게 되고, 자연스럽게 오랜 수명을 유지할 수 있음을 말한다.

가화만사성(家和萬事成)이란 말처럼 가정에서 반목하지 않고 화기애애한 마음을 가져야 모든 일을 성취하듯이, 수명을 연장시키기 위한 노력보다는 다성(茶性)을 가까이하다 보면 자연스럽게 수명이 연장된다는 이야기를 하고 있다.

왜냐하면 인간이 타고난 수명을 다하기 위해서는 몸과 마음에 욕심을 덜고 절제된 분수를 지켜야 하는데, 이러한 삶의 길잡이가 다향(茶香)이라는 것이다.

이것이 다덕(茶德)의 첫째가 된다.

둘째, 다성(茶性)에 젖어 다향(茶香)을 가까이하게 되면 유부(兪附)와 편작(扁鵲) 같은 삶을 살 수 있다.

유부(兪附)는 중국 춘추전국 시대 전설 속의 양의(良醫)로 유명한 사람으로 알려져 있다.

그는 사람의 몸을 해부해 치료하는 의술로 많은 사람들에게 칭송을 받았다.

또한 중국 춘추전국 시대 편작(扁鵲)은 사람의 신체를 꿰뚫

어 보고 수술하지 않고서도 치료를 했다는 유명한 의사로 알려졌다.

다향(茶香)을 맛본다는 것은 자신의 몸과 마음의 수명 연장은 물론, 함께 살아가는 많은 사람들에게 몸과 마음의 안위를 줌으로써 유부와 편작과 같은 덕행(德行)을 가질 수 있음을 말하고 있다.

셋째는 다성(茶性)을 가까이 하는 것이 백이(伯夷)와 양진(楊震) 같은 덕행(德行)을 닦게 되어 언제나 몸과 마음의 기운을 맑게 하는 것이라고 한다.

백이(伯夷)는 고대 중국 주(周)나라 때 무왕(武王)의 의롭지 못한 정치를 비판하면서 수양산(首陽山)에 들어가, 고사리를 캐 먹으며 절의를 지킨 선비였다.

양진(楊震)은 후한(後漢) 시대 태수(太守)가 되었을 때, 하급 관리가 뇌물을 들고와 "暮夜無知者(모야무지자, 밤이 깊어 아무도 아는 사람이 없으니 받아도 된다)"라고 하였다.

그에 대해 양진(楊震)은 "天知(천지) 地知(지지) 子知(자지) 我知而四知(아지이사지) 何謂無知(하위무지), 하늘이 알고 땅이 알고 자네가 알고 내가 알면 넷이 아는 것이네. 어찌하여 아는 사람이 없겠는가."라면서 뇌물을 거부한 청빈한 관리였다고 한다.

인간이 벼슬로 인해 권력이 생기면 누구나 뇌물의 유혹을 느끼는 경험을 갖게 되는데, 이때 재물(財物)을 멀리하고 원칙과 법도(法度)를 지키며 직위를 유지한다는 것은 참으로 어려운 일이다.

오래도록 다향(茶香)을 만나 그 깊은 맛을 음미하게 되면 다안(茶眼)이 빛을 발휘해 온갖 뇌물이 넘치도록 들어와도 과감하게 뿌리칠 수 있는 힘이 생기게 된다.

이것이 다성(茶性)만이 나타낼 수 있는 다덕(茶德)의 세 번째 덕행(德行)이 된다고 한다.

넷째, 다성(茶性)에는 사람의 마음을 편안하고 만족감을 느끼게 하는 힘이 있다.

고대 중국에는 이노(二老)라 해서, 백이(伯夷)와 여상(呂尙) 같이 예의에 밝고 절의를 지킨 노인들이 있다.

주(周)나라 초기 유명한 강태공(姜太公)을 여상(呂尙)이라 말하는데, 올바른 정치를 위해 제(齊)나라를 건국하였다.

그는 70세가 넘어서야 시대(時代)를 잘 활용하여 깨끗한 정치를 한 것으로도 유명하다.

특히 가난한 시절 도망간 부인이 다시 돌아왔던 일화는 널리 알려져 있다.

가난한 시절 그에게서 도망갔던 부인이 권력을 갖게 된 여상(呂尙)을 어느 날 다시 찾아왔을 때, 그저 항아리를 부인에게 주면서 물을 떠 오라고 하였다.

부인은 이제 권력과 부를 지닌 여상(呂尙)이 자신을 받아 주려는 것으로 생각하고 물을 길어 오니, 여상은 항아리의 물을 땅에 쏟아 부으라고 하는 것이었다.

항아리의 물을 쏟아 붓자, 여상은 다시 물을 항아리에 담으라고 하였다.

쏟아 부은 물을 담을 수 없는 것을 눈치 챈 부인은 그 길로 떠나고 말았다는 고사(故事)이니, 그것을 '복수불반분(覆水不返盆)'이라고 한다.

예로부터 선비와 정치가는 청빈해야 하는 것을 최고의 덕행(德行)으로 삼았다.

공직(公職)은 순간일 뿐 영원할 수 없음을 깨닫고 나면, 지나친 욕심은 몸과 마음을 불편하게 할 뿐이다.

사호(四皓)는 한(漢)나라 시대 진시황(秦始皇)이 전쟁을 일으켰을 때 난세(亂世)를 피해 산서성(陝西省) 상산(商山)에 숨어 살았던 네 선비를 일컫는 말이다.

산속에 들어간 네 명의 선비는 눈썹이 하얗게 되도록 자연 속에 조용히 은거하면서 살았으며, 동국공(東國公), 기리이(綺里李), 하황공(夏黃公), 녹리선생(甪里先生)을 말한다.

이들은 80세가 넘도록 은거(隱居)하면서 자연의 순리를 따른 선비였다.

다성(茶性)에서 오래도록 차 향기를 맛보게 되면 백이(伯夷)와 여상(呂尙), 그리고 상산(商山)에 숨어 살았다는 사호(四皓)의 은사(隱士)처럼 세파에 물들지 않고 자연과 더불어 편안하게 살아갈 수 있는 덕행(德行)이 있음을 말하고 있다.

다섯째는 다향(茶香)에 물들면 황제(黃帝)와 노자(老子) 같은 삶을 살 수 있는 지혜가 생긴다.

희공(姬公)은 고대 중국 서주(西周) 시대 주공(周公)을 말한다.

그의 이름은 서단(敍旦)이라 하였으며, 성(姓)을 희(姬)라 하였다.

문왕(文王)의 아들로서, 왕권 중심으로 통치를 하고 덕치(德治)와 예(禮)를 중시한 정치를 하였다.

그는 민의(民意)를 중시하는 덕치를 하였기 때문에 삼악발(三握髮)과 삼토반(三吐飯)의 일화를 남기기도 했다.

『사기(史記)』에는 이렇게 기록되어 있다.

周公戒伯禽曰 我文王之子 武王之弟 成王之叔父
주공계백금왈 아문왕지자 무왕지제 성왕지숙부
我於天下亦不賤矣 然我一沐三握髮 一飯三吐哺
아어천하역불천의 연아일목삼거발 일반삼토포

其以待士 猶恐失天下之賢人
기이대사 유공실천하지현인

주공이 백금에게 꾸짖어 말하길 나는 문왕의 아들이며, 무왕의 아우가 된다.
또 성왕의 숙부이니, 천하의 비천한 사람이 아니다.
그러나 내가 한 번 머리를 감다가 세 번 머리를 걷어 올리고 손님을 맞이하였으며, 밥 한 끼를 먹는데 손님이 찾아와 세 번이나 씹던 밥알을 뱉고 손님을 우선 맞이한 것은 귀중한 현인들을 잃을까 두려웠기 때문이다.
이렇게 어진 정치를 하여 백성들로부터 존경을 받은 것이다.

무엇보다 사람을 예로써 대하는 마음이 공직자의 바른 자세가 아닌가 생각된다.

따라서 다성(茶性)을 만나면 이러한 겸손과 예절을 갖추게 되니, 이것이 차(茶)로 인한 덕행(德行)이 되는 것이다.

중니(仲尼)는 춘추(春秋) 시대 유명한 노(魯)나라 사람인 공자(孔子)를 말한다.

그는 일생 동안 제자(弟子)를 양육하면서 인의예지(仁義禮

智)를 인성(人性)의 바탕에 두어야 한다고 강조하였으며, 현실 정치에 덕치(德治)를 우선으로 하였다.

결론적으로 한재가 다성(茶性)을 만나 다향(茶香)으로 살아가게 되면, 반드시 다덕(茶德)이 생겨 요순(堯舜)의 어진 마음을 갖게 되고, 유부와 편작처럼 의술로써 남에게 베푸는 덕행을 쌓게 된다.

또 백이와 양진과 같이 절의(絶義)를 지키게 되고, 이노(二老)인 백이와 여상(강태공) 같은 은사(隱士)가 되며, 사호(四皓)의 선비 같은 덕행(德行)을 닦게 될 뿐만 아니라, 희공(姬公)처럼 덕치(德治)를 베풀고, 공자(孔子)와 같이 인성(人性)을 다스리는 덕행(德行)을 펼치게 된다는 것이다.

인간이 자연의 이치에 순응하는 삶에 반드시 함께해야 할 가치는 다덕(茶德)이라는 것이다.

한재가 생각한 다덕(茶德)은 평생토록 실천해도 싫증나지 않는 즐거움이다.

그래서 위에서 언급한 수많은 사람들의 실천적 행위를 모두 갖출 수 있기에 감히 다성(茶性)을 바로 알고, 다덕(茶德)을 쌓아 다행(茶行)을 실천하라고 강조한 것이 마지막 다덕(茶德)의 실천이 된다고 하였다.

따라서 다인(茶人)은 다성(茶性)을 평생토록 잊어서는 안 되며 꾸준히 다향(茶香)을 가까이하다 보면 반드시 다덕(茶德)이 쌓이게 된다는 것을 믿어야 하는 것이다.

원학 스님의
〈십군자도(十君子圖)〉 중
'파초(芭蕉)'

繞身無數青羅扇 요신무수청라선
風不來時也不涼 풍불래시야불량

몸에 얽힌 무수한 푸른잎 부채
바람이 불지 않을 때
또한
시원함도 없네

다인(茶人)들은

다향(茶香)을 어떻게 즐겼을까

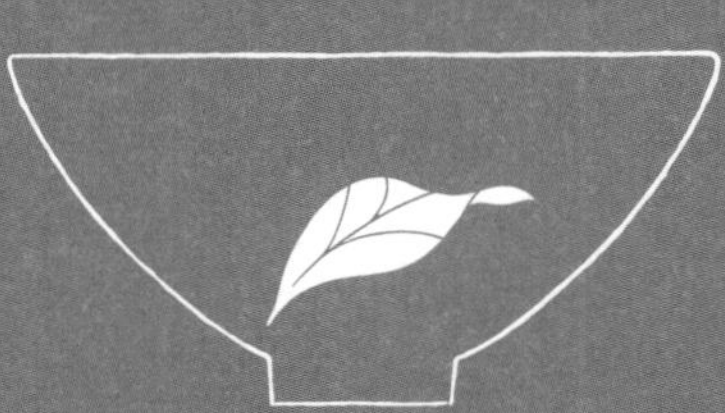

斯乃玉川之所嘗 贊陸子之所嘗
사 내 옥 천 지 소 상 찬 육 자 지 소 상

樂聖兪以之了生 曺鄴以之忘歸 一村春光
락 성 유 이 지 요 생 조 업 이 지 망 귀 일 촌 춘 광

靜樂天之心歸 十年秋月 却東坡之睡神
정 락 천 지 심 귀 십 년 추 월 각 동 파 지 수 신

掃除五害 凌厲八眞 此造物者之蓋有幸
소 제 오 해 능 려 팔 진 차 조 물 자 지 개 유 행

而吾与古人之所共適者也
이 오 여 고 인 지 소 공 적 자 야

내가 다향(茶香)을 말하는 것은 이미 옥천자(玉川子)가 맛본 것이고, 육자(陸子)가 맛을 보고 칭찬한 것이며, 성유(聖兪)가 평생토록 즐겼던 것이다.

또한 조업(曺鄴)은 다향(茶香)에 심취하여 집으로 돌아갈 것을 잊었고, 한 곳에 내리는 봄볕에도 백락천은 고요한 마음을 얻어 돌아갔으며, 십 년의 세월 동안 동파도 수면의 장애를 극복할 수 있었다.

인간에게 반드시 물리쳐야 할 다섯 가지 욕심을 깨끗이 씻어내고 여덟 가지 바른 진리를 넓혀 가야 하는데, 이러한 어려움을 극복할 수 있는 방법이 다향(茶香)에 젖어 드는 것이다.

나는 하늘이 내려준 다수(茶樹)가 있어 수많은 사람에게 행복하게 할 수 있는 것을 다행으로 본다.
뿐만 아니라 이와 같은 다향(茶香)을 나와 옛사람들이 함께할 바가 되지 않을 수 있겠는가.

해설

다향(茶香)으로 다덕(茶德)이 살아나는 기쁨은 한재 스스로만 즐기는 것이 아니라, 옛날 당대(唐代) 옥천자(玉川子, 796~835)가 다향(茶香)을 맛본 것과 다름이 아니다.

또한 육우(陸羽)가 다향(茶香) 속에 진리가 있음을 깨달아 『다경(茶經)』을 저술한 것과 송대(宋代) 성유(聖兪, 매요신, 1002~1060)가 일생 동안 즐겁게 다향(茶香)을 가까이 하였음을 강조하고 있다.

그리고 당대(唐代) 조업(曺鄴)이란 사람은 다전(茶田)을 구경하면서 차꽃 향기에 취해 집으로 돌아갈 줄 몰랐다고 한다.

그는 다성(茶性)을 만난 기쁨을 아래와 같은 시(詩)로 읊었다.

劍外九華英　　검외구화영
緘題下玉京　　함제하옥경
開時征月上　　개시정월상
研處亂泉聲　　연처난천성
半夜招僧至　　반야초승지
孤吟對月烹　　고음대월팽
碧澄霞脚碎　　벽징하각쇄
香泛乳花輕　　향범유화경

검난 지역 구화영차여
잘 봉합하여 옥경에서 왔네
차 봉지 펼치니 달빛처럼 둥글고
맷돌에 갈아 달이니 샘물 소리 시끄럽네
한밤에 스님 불러 모셔 놓고
시 읊고 달 같은 병차(餠茶)를 달여 마셨네
푸른 못에 안개 여러 갈래 피어올라
차 향기 유화되어 가볍게 떠도네

다향(茶香)이 깊어갈 즈음 조업은 절간의 스님을 초대하여 함께 시(詩)를 읊으며 달덩이 같은 병차(餠茶)를 부수어 달인다.

비로소 차 향기는 안개처럼 휘감아 흩어지니 차 향기는 유화같이 맑고 가볍게 떠돈다고 하였다.

뿐만 아니라 누군가로부터 받은 좋은 차를 조용히 개봉하니 검난 지역 옥경에서 온 차였다. 그 속에 달덩이 같은 다병(茶餠)이 있고, 그것을 맷돌에 부수어 달이니 마치 샘물이 시끄럽게 소리를 내는 것 같다고 하였다.

다병(茶餠)과 월병(月餠)을 하나로 보고 달에서 느끼는 무한한 감정을 다병(茶餠) 속에서 찾는 조업은 진정한 다인(茶人)의 아름다운 모습이라 할 수 있다.

깊어가는 한밤에 산승(山僧)을 불러 방외(方外, 세상 밖)의 담선(談禪)을 나누는 것이야말로 다선일여(茶禪一如)가 아니고 무엇이겠는가.

따라서 한재는 불교에서 수행을 통해서 다섯 가지 해로운 욕망(慾望)을 극복하듯 다향(茶香)의 차 수행을 통해 여덟 가지 실천적 진리를 생활 속에서 구현할 수 있음을 강조하고 있다.

여기서 오해(五害)는 재색식명수(財色食名睡)의 다섯 가지 해로운 욕망(五欲樂)이며, 팔진(八眞)은 팔정도(八正道)를 말한 것이다.

팔정도(八正道)란 사물을 바로 보는 것[正見], 올바르게 생각하는 것[正思惟], 올바른 말을 하는 것[正語], 바른 행위를 하는 것[正業], 올바른 목숨을 유지해야 하는 것[正命], 올바른 정진을 하는 것[正精進], 올바른 기억[正念], 올바른 마음을 안정시키는 것[正定] 등 여덟 가지 실천적 진리를 말한다.

한재가 이러한 불교 용어들을 구체적으로 제시하지 않고 오해(五害)와 팔진(八眞) 등으로 표현한 것은, 유교 이념에 배치된 불교의 내용을 직접적으로 표현할 수 없는 시대적 환경을 고려하지 않을 수 없었기 때문이다.

그러나 한재는 단순한 유교 이념에 매몰되지 않고 유교, 불교, 도교를 넘나들면서 다성(茶性)을 만나 올바른 인성(人性)을 회복하기 위한 「다부(茶賦)」를 지었다고 할 수 있다.

또한 백락천이 한 마을에 내리는 따스한 봄볕 아래서 고요한 마음자리로 돌아가 다향(茶香)을 즐겁게 맛본 것이나, 소동파가 오랜 세월 괴롭히던 수면 장애를 극복할 수 있었던 것은 다향(茶香)으로 인한 다덕(茶德)을 만났기 때문에 가능한 일이었다.

이러한 다향(茶香)을 만나는 것은 결코 우연이라 할 수 없고, 하늘이 내려 준 큰 행운임을 알아야 한다.

따라서 한재는 고인(古人)들의 다향(茶香)과 미감(味感)을 함께 누리는 것을 더욱 큰 기쁨으로 생각하였던 것이다.

豈可与儀狄之狂藥 裂腑爛腸
기 가 여 의 적 지 광 약 열 부 난 장

使天之人德損而命促者 同曰語哉
사 천 지 인 덕 손 이 명 촉 자 동 왈 어 재

어찌하여 의적(儀狄)의 광약(狂藥)으로 사람의 폐부와 간장을 헐뜯는 것과 함께하겠는가.
하늘의 운명을 타고난 사람이 덕성(德性)을 손상시키고 수명을 재촉하는 것이라면 함께 말할 수 있겠는가.

해설

중국 하(夏)나라 시대 의적(儀狄)이라는 사람이 최초로 술을 빚었다고 한다.

술로 인해 많은 사람들에게 위로가 되기도 했지만, 술이 광약(狂藥)이 되어 많은 사람들의 생명을 단축하고 실수를 유발한 어리석음을 헤아릴 수 없이 많이 봐 왔다.

따라서 다성(茶性)을 가까이하는 것과 술을 가까이하는 사람들을 비교해서는 안 된다는 것을 강조하고 있다.

술은 '망우군(忘憂君)'이란 별칭을 갖고 있으며, 근심을 잊게 한다는 뜻이다.

술을 마시는 순간은 근심을 잊을 수 있지만 술이 깨어날 때 오히려 더 큰 근심이 인간의 마음을 어지럽게 하기 때문에 때로는 패가망신을 불러오기도 한다.

뿐만 아니라 술을 지나치게 많이 마시면 폐부를 잘라 내거나 간장과 내장이 찢어지는 고통이 나타나게 된다.

그럼에도 불구하고 술을 쉽게 끊지 못하는 것은 순간적 쾌락으로 근심을 잊게 하기 때문이다.

그러나 다향(茶香)을 '척번자(滌煩子)'라고 하는 이유는 다향(茶香)에 오래도록 머물면 머물수록 온갖 번뇌를 씻어 내고, 씻어 내면 낼수록 인성(人性)은 더욱 맑고 고요해지기 때문이다.

이처럼 차(茶)와 술은 비교할 수 없으며, 함께 논할 필요가 없다는 것을 선인(先人)들의 차생활(茶生活)에서 엿볼 수 있다.

한재는 지금까지 다성(茶性)의 본질을 찬탄한 것이 선인(先人)들의 지혜와 경험에 바탕을 두고 있음을 밝히고 있다.

원학 스님의
〈십군자도(十君子圖)〉 중
'포도(葡萄)'

芸香樓上汗如珠 운향누상한여주
趁起清風爲掃除 진기청풍위소제

운향루에 땀방울 같은
포도 구슬
맑은 바람 일어나니
깨끗하게 소제하네

다성(茶性)을 만난 기쁨을 노래하다

喜而歌曰 我生世兮 風波惡 如志乎養生
희 이 가 왈 아 생 세 혜 풍 파 악 여 지 호 양 생

捨汝而何求 我携爾飮 爾從我遊 花朝月暮
사 여 이 하 구 아 휴 이 음 이 종 아 유 화 조 월 모

樂且無斁
낙 차 무 역

아아!

기쁜 마음으로 노래한다네

내가 태어난 세상이여!

온갖 풍파가 일렁이니 뜻을 양생에 둔다면 너(茶性)를 버리고 무엇을 구할 수 있겠는가.

따라서 나는 너와 함께 마시고 그대는 나와 함께 노니는데, 이른 아침에 꽃을 보는 듯 저녁 무렵 달빛을 보는 듯하니 즐거움이 이보다 또 어디 있겠는가.

해설

한재는 「다부(茶賦)」의 끝자락에 다성(茶性)과 함께하는 즐거움

을 노래로써 표현하였다.

세상에 아무리 어지러운 풍파가 일렁인다 해도 그것을 극복하기 위해서는 언제나 뜻을 양생(養生)에 두어야 하지만, 다성(茶性)을 버리고 자신의 몸과 마음을 풍파에 물들지 않게 양생(養生)한다는 것은 생각할 수 없다고 하였다.

따라서 한재는 일상(日常)에서 다성(茶性)을 몸에 지니고 함께했으며, 언제나 찻자리에서 다향(茶香)을 마시며 즐거운 마음으로 자연을 감상하고 맛을 느끼고자 하였다.

그러므로 다성(茶性)은 나와 함께 뗄 수 없는 영원한 벗이 되어 무정(無情)의 경지에서 즐겁게 노닐게 되었다.

그것은 이른 아침 일어나 방문을 열고 화단에 활짝 핀 꽃을 보는 마음이 되고, 더러는 저녁노을이 퍼져 올 때 떠오른 달빛의 부드러운 숨결이 일어나는 듯하니, 그러한 기쁨을 영원히 누릴 수 있음을 노래한 것이다.

傍有天君 懼然戒曰 生者死之本 死者生之根
방 유 천 군 구 연 계 왈 생 자 사 지 본 사 자 생 지 근

單治內而外凋 嵇著論而蹈艱
단 치 내 이 외 조 혜 저 론 이 도 간

曷若泛虛舟於智水 樹嘉穀於仁山
갈 약 범 허 주 어 지 수 수 가 곡 어 인 산

神動氣而入妙 樂不圖而自至 是亦吾心之茶
신 동 기 이 입 묘 낙 부 도 이 자 지 시 역 오 심 지 차

又何必求乎彼也
우 하 필 구 호 피 야

내 곁에는 천군(天君)이 있으니, 언제나 조심스러운 마음으로 말한다.

삶은 죽음의 근본이 되고, 죽음은 또 다른 삶의 씨앗이 된다.

홀로 안으로 다스리면 밖이 시들기에 혜강은 「양생론」을 지어서 어려움을 극복하려 했지만, 어찌하여 빈 배를 지혜의 물에 띄우고 좋은 곡식을 어진 산에 심는 것과 같겠는가.

정신을 움직여 기운이 묘한 경지에 들고, 즐거움을 도모하지 않아도 스스로 이르게 하는 것이 내 마음의 다우(茶友)이거늘, 어찌하여 필히 마음 밖을 향해 구해야 하겠는가.

한재는 어려운 풍파와 역경 속에서도 굴하지 않고 굳건한 삶을 살고자 했던 선비였다.

유교 이념에만 매몰되지 아니하고 도가(道家)의 자연관(自然觀)과 불교(佛敎)의 무념관(無念觀)을 실천하고자 노력하였다.

그것은 양생(養生)이라는 삶의 실천 덕목을 오로지 다성(茶性)과 함께하는 것이었다.

어디를 가나 다향(茶香)을 지니고, 다우(茶友)와 함께 즐겼다.

다우(茶友)를 보는 것은 이른 아침에 일어나 활짝 핀 꽃을 보는 듯 즐거웠고, 저녁 무렵 휘영청 밝은 달빛을 만나는 것처럼 그보다 더한 즐거움은 없다고 하였다.

한재의 곁에는 영원히 함께하는 다우(茶友)가 있었으며, 하늘을 두려워하고 하늘의 이치에 순종코자 하였다.

그러므로 삶은 죽음의 근본이 될 수도 있지만, 죽음으로 끝나는 것이 아니라 또 다른 삶의 씨앗이 된다고 믿었기 때문이다.

다성(茶性)을 만나 다향(茶香)에 젖어 들 수 있는 것은 옛날 혜강이 「양생론(養生論)」을 저술하여 어려운 난간(難艱)을 극복하려 했던 것과는 비교되지 않는다고 하였다.

다성(茶性)으로 양생(養生)하는 것은 마치 빈 배를 지수(智水)에 띄워 놓거나 좋은 곡식의 씨앗을 인산(仁山)에 심는 것과 같은 것이라고 하였다.

이러한 다성을 가까이 하여 다신(茶神)이 움직이면 내 몸속의 기운이 미묘한 경지에 도달하여 그 즐거움을 도모하지 않아도 스스로 이르게 된다고 강조하고 있는 것이다.

이것이 한재가 지향한 마음속의 다심(茶心)이니, 그 밖의 무엇을 구해야 할 필요성을 느끼지 않는다고 하면서 끝을 맺는다.

한재가 구현하고자 했던 세계를 연담유일(蓮潭有一, 1720~1799) 스님의 시(詩)를 옮겨 해설을 마치고자 한다.

孤燈守歲夜虛遙　　고등수세야허요
寶篆燒香火未消　　보전소향화미소
鬱壘神茶更看板　　울누신다경간판
寒梅弱仰吐新條　　한매약앙토신조
淸時萬國皆同軌　　청시만국개동궤
聖壽千年作一朝　　성수천년작일조
禮訖蓮壇翹首望　　예흘연단교수망
五雲長續九重宵　　오운장속구중소

외로운 등불 해를 지키느라 밤은 고요한데
보전에 향불 피워 다 타지 않았는데
촘촘한 담장 신비로운 찻자리가 옛 모습 바꾸고
써늘한 매화 연약한 버들가지 새순을 틔우네
맑은 시절 온 나라가 모두 한 모습
성수의 천 년이 하루아침인 것을
연단에 예를 마치고 머리를 돌려 바라보니
오색구름 온 하늘에 둘러 있는 것을

산사(山寺)에서 추위를 이겨 내고 해를 지키는 외로운 등불도 깊은 밤이 되면 아득해지고, 보배로운 전각에 부처님께 향불 하나 사루어 올린다.

촘촘한 울타리 넘어 신비로운 다향(茶香)이 몰려오면, 옛 모습 새롭게 바뀌고 추위를 이겨낸 매화 가지와 연약한 버들가지에도 새싹이 눈을 틔운다.

온 시절이 맑고 온 세계가 한 모습이니 성인의 목숨이 천 년을 간다 해도 하루아침을 사는 것일 뿐.

오로지 연단에 들어가 한 잔의 다향(茶香)을 부처님께 올리고 돌아 나오는 발길에 머리를 돌려 보니 온 하늘에 오색구름이 가득할 뿐이라는 것이다.

한재는 이러한 무심(無心)의 경지에서 느끼는 자연의 아름다운 변화에 동화되어 영원한 삶을 살 것을 다짐하였을지도 모른다.

한재(寒齋) 이목(李穆)의 연보(年譜)

◉ 1471년(성종2년)

경기도 김포시 하성면 가금리에서 전주 이씨(李氏) 윤생(閏生)을 부(父)로 하고, 남양(南陽) 홍씨(洪氏)를 모(母)로 하여 둘째 아이로 태어났다.

◉ 1484년

14세에 점필재 김종직(金宗直) 선생의 문하(門下)로 들어가 공부를 하고 선생으로부터 차(茶)를 마시게 된다.

◉ 1487년

17세에 『춘추좌씨전(春秋左氏傳)』을 공부하고 특히 범문정공(範文正公)의 덕업(德業)을 숭상하였다.

◉ 1489년

19세에 갑과(甲科)의 과거 시험에 합격, 생부진사(生負進士)가 되어 반관(泮官)에서 공부하고 김수손(金首孫)의 딸과 혼인하였다.

◉ 1490년

20세 때 대비가 궁중에 무당을 불러 단을 차려 놓고 임금의 장수와 건강을 위해 기도하는 것을 보고는 생원(生員)들을 데리고 들어가 무당을 쫓아내고 제단을 부수는 등 행패를 부려 대비로부터 분노를 사게 되었다. 이에 영의정이었던 윤필상(尹弼商)의 상소로 인하여 충청도 공주(公

州)로 유배되었다.

◉ 1491년

21세 때 귀양에서 풀려나게 된다.

◉ 1494년

24세 때 중국 연경(燕京)에 가서 비로소 육우(陸羽)의 『다경(茶經)』을 구입하여 차(茶)에 대한 구체적 내용을 알고 다향(茶香)의 깊이에 빠져들다.

◉ 1495년

25세에 별시문과(別試文科)에 급제(及第)하고 성균관 전적(典籍)을 제수(提授) 받다.

◉ 1496년

26세에 진용교위(進勇校尉)가 되고, 영안남도(永安南道) 병마평사(兵馬評事)가 되었다.

◉ 1497년

27세에 사가독서(賜暇讀書)하고, 아들 세장(世璋)을 얻다.

◉ 1498년

28세 7월에 동문(同門)인 김일손(金馹孫)이 스승 김종직(金宗直) 선생이 쓴 「조의제문(弔義帝文)」을 사초(史草)에 올린 것이 문제되어 무오사화

(戊午史禍)가 일어난다. 이때 한재도 연좌(連坐)에 걸려 참형(斬刑)을 당하게 되니, 그의 재능을 꽃피우지도 못하고 죽었다.

◉ 1504년

추형(追刑)으로 인하여 관을 뜯고 다시 시체(屍體)를 훼손하는 부관참시(剖棺斬屍)를 당하게 된다.

◉ 1506년

한재는 신원복관직(伸冤復官職) 되어 다음해 가산(家産)을 환급받았으며, 무오사화(戊午士禍)를 일으킨 윤필상(尹弼商) 유자광(柳子光) 등은 훈작을 삭탈하고 호남으로 유배(流配)하였다.

◉ 1552년

명종 때 증가선대부이조참판겸홍문관제학동지춘추관성균관사(贈嘉善大夫吏曹參判兼弘文館提學同知春秋館成均館事)로 은전(恩典)을 받았다.

◉ 1559년(명종 14년)

공주(公州) 충현서원(忠賢書院)에 배향(配享) 되었다.

◉ 1585년(선조 18년)

한재의 첫 문집인 『이평사집(李評事集)』이 간행되었다.

◉ 1624년(인조 2년)

충현서원(忠賢書院)으로 사액(賜額)을 받다.

◉ 1625년(인조 3년)

김상헌(金尙憲)이 비로소 묘비문(墓碑文)을 짓게 된다.

◉ 1631년(인조 9년)

『이평사집(李評事集) 중간본』 간행(현존 최고본)

◉ 1632년(인조 10년)

장유(張維)가 묘지명(墓誌銘)을 지었다.

◉ 1706년(숙종 32년)

자헌대부이조판서겸지경연의금부사홍문관대제학예문관대제학지춘추관성균관사세자좌빈객오위도총부도총관(資憲大夫吏曹判書兼知經筵義禁府事弘文館大提學藝文館大提學知春秋館成均館事世子左賓客五衛都摠府都摠管)으로 증작(贈爵)되어 명예를 회복하게 되다.

◉ 1718년(숙종 44년)

정간공(貞簡公)이라는 시호(諡號)를 받게 되는데, 뜻은 '불굴무은왈정 정직무사왈간(不屈無隱曰貞 正直無私曰簡)'이라 하였으니, 풀이하면 비굴하지 않고 숨지 않으므로 그의 절개는 곧고 정직하여 사사로움을 취하지 않으니 대쪽 같음을 이름하여 호(號) 하였다.

◉ 1726년(영조 2년)

한재의 전후(前後) 사적(事蹟)을 『승정원일기(承政院日記)』에 비치토록 하였으며, 부조묘(不祧廟)를 명하였다.

◉ 1849년(헌종 15년)

경기도 김포(金浦)에 사우(祠宇)를 건립하게 된다.

◉ 1963년

충남 공주군 우성면(牛城面) 내산리(內山里)에 사적비(事蹟碑)를 건립 제막(除幕)하였다.

◉ 1975년

한재당(寒齋堂)을 경기도에서 지방문화재(地方文化財)로 지정하였다.

◉ 2008년

한재 이목 선생 기념사업회가 설립되어 한재의 삶을 재평가하는 기념사업을 하고 있다. 특히 한재의 제16세 손인 이병인 교수(부산대)에 의한 다문화(茶文化) 사업은 활성화되어 오늘에 이르고 있다.

번역과 해설을 끝내며

우연이란 말처럼 까마득한 세월 동안 필자는 한재의 「다부(茶賦)」에 대해 들어 보지도 못했고 알지도 못하였다.

2001년도에 우연히 다회(茶會) 다우(茶友)들에게 한재의 「다부(茶賦)」 원문(原文)을 교재로 1년 반 동안 강의를 하게 되었다.

그때 비로소 「다부(茶賦)」를 꼭 한번 번역하고 해설을 붙여 다인(茶人)들에게 알려야겠다는 생각을 하게 되었다.

그 당시에는 「다부(茶賦)」에 대한 번역 자료를 찾기 어려운 상황이었는데, 마침 서점에서 유건집 선생의 번역본 다부(茶賦) 책을 구입해 교본(教本)으로 삼아 강의를 하였다.

그런데 유건집 선생은 다인(茶人)이라기보다는 순수 한학자(漢學者)인 관계로 문안해석(文案解釋)이 너무 산만하고 참고 자료 중에 차(茶)와 관련 없는 내용들이 너무 많이 나와 있었다.

당연히 한재의 「다부(茶賦)」에 대한 뜻을 제대로 이해하기

엔 어려움이 있었다.

그러나 막상 한재에 대한 연구가 부족했던 필자로서는 어떻게 번역하고 해설할 것인가에 대한 고민이 깊을 수밖에 없었다.

그럼에도 불구하고 용기를 내어 번역 작업을 시작하면서 세운 원칙은 원문 중심으로 번역과 해설을 붙이되, 참고 자료 배열은 차(茶)와 관련 있는 문구(文句)나 다시(茶詩)를 최대한 많이 찾아내 번역하고 그 뜻을 설명하기로 했다.

하지만 막상 탈고(脫稿)를 하고 보니 부끄러운 마음이 앞선다.

왜냐하면 다생활(茶生活)을 오래도록 해 오면서 다선일미(茶禪一味)의 내용(內容)에 대한 확신을 느끼는 데에는 얼마나 부족했는가 하는 의문에 봉착했기 때문이다.

심지어 산사(山寺)의 스님들 간에도 음다(飮茶) 형식을 취하는 경우가 대부분이고, 더욱이 커피 류나 토산차 속에서 차생활

(茶生活)의 많은 시간을 보내 온 것도 사실이기 때문이다.

그런데 필자가 10여 년 전에 『동다송(東茶頌)』을 번역 출판하면서 '왜 모든 사람이 초의 선사(草衣禪師)를 다성(茶聖)으로 추앙하는가?'에 대한 의문을 갖게 되었다.

여기서 초의는 선승(禪僧)으로서 수행을 하였으며, 차(茶)는 그의 수행(修行)의 일부가 되었음을 확인하게 되었다.

다시 말해서 세인(世人)들이 초의를 일컬어 다성(茶聖)이라고 하였으나, 초의 스스로 다인(茶人)이니 다성(茶聖)이니 말한 사실이 없고, 다만 차(茶)를 통해 수행을 하면서 인간관계(人間關係)를 넓혀 갔을 뿐이었다.

특히 당시 조선의 억불숭유(抑佛崇儒) 배불(排佛) 시대를 주도해 나가던 유생들과 힘 있는 권문(權門)들에게 차생활(茶生活)의 의미와 중요성을 널리 알린 초의 선사의 노력은 매우 중요한 의미를 가지고 있다.

선사는 차(茶)가 인성(人性)에 미치는 영향에 대해 선(善)과 악(惡)을 구별 짓고 인성(人性)의 평등(平等)함을 일깨워 다향(茶香) 같은 삶을 살아야 한다고 강조했으며, 선사 스스로도 체험하고 실천하는 데 앞장섰다.

그보다 340여 년 앞서 한재가 당대(唐代) 육우(陸羽)의 『다경(茶經)』을 읽고 다성(茶性) 속에서 인성(人性)을 아름답게 도야

(陶冶)할 수 있음을 확신하게 되었다.

한재는 당시 주자학(朱子學)에 매몰돼 있던 유생들과는 달리, 자연을 중시하는 도가(道家)적 삶과 만민평등(萬民平等)의 인성을 강조하는 불가적(佛家的) 내용(內容)을 함께 융합함으로써 다성(茶性)을 완성하는 것이 가능하다는 확신을 갖고 「다부(茶賦)」를 지었다는 사실이 필자를 사로잡게 되었다.

앞서 머리말에서도 언급했듯이 한재는 "일생 동안 즐겁게 지낼 수 있는 벗이 있다면 그것은 다우(茶友)"라고 하였다.

불가에서도 고승(高僧)들이 다성(茶性)을 가까이하고 다향(茶香)을 못 잊어 한 것은 수행(修行)에도 반드시 향기로운 대상이 있어야 하기 때문으로, 그 방법(方法)으로 제시한 것이 '끽다거(喫茶去)'이다.

그런데 요즘 많은 산사(山寺)의 스님들은 이처럼 단순한 말 한 마디 속에 얼마나 깊은 수행 방법과 삶의 지혜가 담겨 있음을 알지 못한 채 차(茶)를 단순한 음료 정도로 이해하는 안타까움이 있으니, 바로 그 점이 필자가 「다부(茶賦)」에 관심을 갖게 된 이유이기도 하다.

세상 여기저기에서 시끄러운 소리가 난다.

인간은 시끄러운 세상 속에서 즐겁게 감상하고 맛을 느끼는 삶의 향기를 잃어 가고 있으나, 마침내 다성(茶性)을 만나 다우(茶友)를 갖게 되면 반드시 함께 다향(茶香) 속에서 즐거움과 환희로움에 빠져들 수 있을 것이다.

한재는 말했다.

내 마음속의 다향(茶香)에는 해와 달을 품고 사는 것이다.

따라서 필자가 이 책을 펴내는 본뜻은 「다부(茶賦)」에 대한 학문적 접근을 하려는 것이 아니라, 독자제현(讀者諸賢)에게 인생의 나그네로서 떠나는 앞길을 밝히는 안내서의 역할을 해 주었으면 하는 바람이다.

독자 여러분이 「다부(茶賦)」를 통해 나그네로 떠나는 길 위에서 즐거운 마음과 삶의 아름다운 지혜의 향기를 만나게 되기를 바라면서 글을 마치고자 한다.

이 책이 나오기까지 출판을 맡은 불광출판사 임직원 여러분과 교정 작업을 도와준 강태진(康太辰) 님에게도 감사드린다.

내 마음속 차 향기여!
해와 달을 품고 있네

2025년 6월 23일 초판 1쇄 발행

지은이 삼이 원학 스님
발행인 박상근(至弘) • 편집인 류지호 • 편집이사 양동민
책임편집 김소영 • 편집 김재호, 양민호, 최호승, 정유리, 이란희, 이진우
디자인 쿠담디자인 • 제작 김명환 • 마케팅 김대현, 김대우, 이선호, 류지수 • 관리 윤정안
콘텐츠국 유권준, 김희준
펴낸 곳 불광출판사 (03169) 서울시 종로구 사직로10길 17 인왕빌딩 301호
대표전화 02) 420-3200 편집부 02) 420-3300 팩시밀리 02) 420-3400
출판등록 제300-2009-130호(1979. 10. 10.)

ISBN 979-11-7261-176-7 (03190)

값 22,000원

잘못된 책은 구입하신 서점에서 바꾸어 드립니다.
독자의 의견을 기다립니다. www.bulkwang.co.kr
불광출판사는 (주)불광미디어의 단행본 브랜드입니다.